国家出版基金项目
NATIONAL PUBLICATION FOUNDATION

国家无障碍战略研究与应用丛书（第一辑）

无障碍与城市交通

潘海啸 等 著

辽宁人民出版社

图书在版编目（CIP）数据

无障碍与城市交通 / 潘海啸等著. —沈阳：辽宁
人民出版社，2019.6
　（国家无障碍战略研究与应用丛书. 第一辑）
ISBN 978-7-205-09666-3

　Ⅰ. ①无… Ⅱ. ①潘… Ⅲ. ①残疾人—城市道路—城
市建设—研究 Ⅳ. ①U412.37

中国版本图书馆 CIP 数据核字（2019）第 135748 号

出版发行：辽宁人民出版社
　　　　　地址：沈阳市和平区十一纬路 25 号　邮编：110003
　　　　　电话：024-23284321（邮　购）　024-23284324（发行部）
　　　　　传真：024-23284191（发行部）　024-23284304（办公室）
　　　　　http://www.lnpph.com.cn
印　　刷：辽宁新华印务有限公司
幅面尺寸：170mm×240mm
印　　张：16.25
字　　数：250 千字
出版时间：2019 年 6 月第 1 版
印刷时间：2019 年 6 月第 1 次印刷
责任编辑：刘国阳　郭　健　赵学良
装帧设计：留白文化
责任校对：吴艳杰 等
书　　号：ISBN 978-7-205-09666-3
定　　价：88.00元

总 序

何毅亭

目前，我国直接的障碍人群有 1.25 亿，包括 8500 多万残疾人和 4000 万失能半失能的老年人。如果把 2.41 亿 60 岁以上的老年人这些潜在的障碍人群都算上，障碍人群是一个涵盖面更宽的广大群体。因此，无障碍建设是一项重大的民生工程，是我国社会建设的重要课题，也是我国社会主义物质文明和精神文明建设一个基本标志。毫无疑义，研究无障碍战略和无障碍建设具有十分重要的意义。

在中国残联的关心支持下，在中央党校、中国科学院、清华大学等各方面机构的学者和无障碍领域众多专家努力下，《国家无障碍战略研究与应用丛书》（第一辑）付梓出版了。这是我国第一部有关无障碍战略与应用研究方面的丛书，是一部有高度、有深度、有温度的无障碍领域的研究指南，具有开创性意义，必将对我国无障碍建设产生深远影响。

这部丛书将无障碍建设的研究提升到国家战略层面，立足新时代，展望新愿景，提出了新战略。党的十九大确认我国社会主要矛盾已经转化为人民日益增长的美好生活需要和不平衡不充分的发展之间的矛盾。我国社会主要矛盾的转化，反映了我国经济社会发展的巨大进步，反映了人民群众的新期待，也反映了发展的阶段性特征。新时代，一定要着力解决好发展不平衡不充分问题，更好满足人民在经济、政治、文化、社会、生态、公共服务等各方面日益增长的需要，更好推动人的全面发展和社会全面进步。无障碍建设是新时代人民群众愿景的重要方面。中央党校高端智库项目将无障碍建设作

何毅亭　第十三届全国人民代表大会社会建设委员会主任委员，中央党校（国家行政学院）分管日常工作的副校（院）长。

为重要战略课题进行研究，系统论述了无障碍建设的国家战略，提出了无障碍建设目标体系以及实施路径和机制，将十九大战略目标在无障碍领域具体化，成为本套丛书的开篇，体现了国家高端智库的应有作用。

这部丛书汇聚各个机构专家学者的知识和智慧，内容涉及无障碍领域的创新、建筑、交通、信息、文化、教育等领域，还涉及法律、市场、政策、社会组织等方面，体现了无障碍建设的广泛性和系统性。它既包括物理环境层面，也包括人文精神层面，还包括制度层面，是一个宏大的社会话题，涵盖国情与民生、经济与社会、科技与人文、创新与发展、国家治理和全球治理等重大问题。丛书为人们打开了一个大视野，从多领域、跨学科、综合性视角全面阐释了无障碍的理念与内涵，论述了相关理论与实践。丛书的内容说明，无障碍建设实际上是一个国家科技化、智能化、信息化水平的体现，是一个国家经济建设和社会建设水平的体现，也是一个国家硬实力和软实力的综合体现。它的推进，也将有助于推进我国的经济建设、社会建设、文化建设和制度建设，对于我国新时期创新转型发展将产生积极影响。

这部丛书立足于人文高度，体现了"以人民为中心"的要求，不仅从全球角度说明了无障碍的人道主义内涵，而且进一步论述了我国无障碍建设所体现的社会主义核心价值观内涵。丛书把无障碍环境作为国家人文精神的具象，从不同领域、不同方面阐述无障碍环境建设的具体措施，体现了对残疾人的关爱，对障碍人群的关爱，对人民的关爱。它提醒我们，残疾人乃至整个障碍人群是一个具有特殊困难的群体，需要格外关心、格外关注，整个社会应当对他们施以人道主义关怀，让他们与其他人一样能够安居乐业、衣食无忧，过上幸福美好的生活。这是我们党全心全意为人民服务宗旨的体现，是把我国建成富强民主文明和谐美丽的社会主义现代化强国，促进物质文明、政治文明、精神文明、社会文明、生态文明全面提升的体现。

这部丛书的出版，深化了对无障碍的认识，对于无障碍建设具有重要的指导意义，对于各级领导干部进一步理解国家战略和现代文明的广泛内涵也具有重要参考作用。丛书启迪人们关爱残疾人、关爱障碍人群，关爱自己和别人，积极参与无障碍事业。丛书启迪人们，无障碍不仅在社会领域为政府和社会组织提供了大有作为的空间，而且在经济领域也为企业提供了更大的发展空间。丛书还启迪人们，无障碍不仅关乎我国障碍人群的解放，而且关乎我们所有人的解放，是人的自由而全面发展的一个标志。

我国无障碍建设自 20 世纪 80 年代开始起步，从无到有，从点到面，逐步推开，取得了明显进展。无障碍环境建设法律法规、政策标准不断完善，城市无障碍建设深入展开，无障碍化基本格局初步形成。但是也要看到，我国无障碍环境建设还面临着许多亟待解决的困难和问题，全社会无障碍自觉意识和融入度有待进一步提高，无障碍设施建设、老旧改造、依法管理有待进一步加强，信息交流无障碍建设、无障碍人才队伍建设等都有待进一步强化。无障碍建设任重道远。

借《国家无障碍战略研究与应用丛书》（第一辑）出版的机会，我们期待有更多的仁人志士关注、参与、支持无障碍建设，期待更多的智库、更多的专家学者推出更多的无障碍研究成果，期待无障碍建设在我国创新发展中不断迈上历史新台阶。

2018 年 12 月 3 日

国家无障碍战略研究与应用丛书（第一辑）

顾　问

吕世明　段培君　庄惟敏

编者的话

　　《国家无障碍战略研究与应用丛书》（第一辑）历时三载，集国内数十位专家、学者的心血和智慧，终于付梓，与读者见面。

　　《丛书》以习近平新时代中国特色社会主义思想为指导，体现习近平总书记对残疾人事业格外关心、格外关注。2019年5月16日，习近平总书记在第六次全国自强模范暨助残先进表彰大会上亲切会见了与会代表，勉励他们再接再厉，为推进我国残疾人事业发展再立新功。习近平总书记强调要重视无障碍环境建设，为《丛书》的出版指明了方向，提供了遵循；李克强总理2018年、2019年连续两年在《政府工作报告》中提出"加强无障碍设施建设""支持无障碍环境建设"；韩正、王勇同志在代表党中央、国务院的讲话中指出"加强城乡无障碍环境建设，促进残疾人广泛参与、充分融合和全面发展"。

　　中国残联名誉主席邓朴方强调：无障碍环境建设是一个涉及社会文明进步和千家万户群众切身利益的大问题，我们的社会正在一步步现代化，要切实增强无障碍设计建设意识，认真推进无障碍标准，不断改善社会环境，把我们的社会建设得更文明、更美好。

　　中国残联主席张海迪阐释："自有人类，就有残疾人，就会有障碍存在。人类社会正是在不断消除障碍的过程中，才逐步取得文明进步。无障碍不仅仅是一个台阶、一条盲道，消除物理障碍固然重要，消除观念上的障碍更为重要。发展无障碍实际上是消除歧视，是尊重生命权利和尊严的充分体现。"

　　多年来，在各部门努力推进和社会各界支持参与下，我国无障碍环境建设取得了显著成就。《无障碍环境建设条例》实施力度不断加大，国民经济和社会发展"十三五"纲要及党中央关于加快残疾人小康进程、发展公共服务、文明建设、推进城镇化建设、加强养老业、信息化、旅游业发展等规划都明确提出加强无障碍环境建设和管理维护；住房和城乡建设部、工业和信息化部、教育部、公安部、交通运输部、国家互联网信息办、文化和旅游部、中国民航局、铁路总公司、中国残联、中国银行业协会等部委、单位、高校、科研机构制定实施了一系列加强无障碍环境建设的公共政策和标准，城乡和行业无障碍环境建设全面推进，社区、贫困重度残疾人家庭无障碍改造深入实施，无障碍理论研究与实践应用方兴未艾。大力推进无障碍环境建设，努力改善目前与经济社会发展不相适应，与广大残疾人、老年人等全体社会成员需求不相适应的现状，是新时代赋予的使命担当。

《丛书》是多年来我国无障碍环境建设实践和研究的总结，为进一步加强无障碍环境建设提出了理论思考建议并对推广应用提供了参考和借鉴。

《丛书》入选"十三五"国家重点图书出版规划和国家出版基金资助项目，是对《丛书》全体编创人员出版成果的高度肯定，充分体现了新时代国家对无障碍环境建设的关心、关注和支持，将进一步促进无障碍环境建设发展，助力我国无障碍事业迈向新阶段。

前　言

　　无障碍设施建设最早可以追溯到 20 世纪 30 年代，欧洲国家出于对第一次世界大战产生的为数众多的残疾人的关注，开始出现了专为残疾人服务的无障碍设施建设。伴随着世界老龄化问题的显化，以及社会、经济的发展，1961 年美国颁布了国际上第一部无障碍设计规范。经过近半个世纪对无障碍环境的研究与实践，无障碍环境建设正逐步完善，残疾人对于出行、工作、学习、生活、休闲娱乐等方面的需求都可以得到较大程度的满足，在城镇的不同空间都可以看到他们活动的身影。

　　这种良好状况的产生应该归功于经济的发展、科技的进步、社会对老龄化问题的关注等因素，正是在"平等、尊重"地对待残疾人的思想指导下，政府机构、社会成员、团体才会主动和被动地运用科技、花费财力物力、规范技术标准，创造新的设计方法进行无障碍环境的建设。

　　我国无障碍设施建设自 20 世纪 80 年代开始起步，从提出"为残疾人创造便利的生活环境"的倡议，到在全国人大六届三次会议和全国政协六届三次会议上提出"在建筑设计规范和市政设计规范中考虑残疾人需要的特殊位置"的建议和提案，得到社会各界的高度关注。

　　1986 年 7 月，建设部、民政部、中国残疾人联合会共同编制了《方便残疾人使用的城市道路和建筑物设计规范（试行）》，1989 年 4 月 1 日颁布实施。这是我国第一部无障碍设施建设方面的设计标准，标志着我国无障碍设施建设工作拉开序幕，走上正轨。1990 年 12 月，《中华人民共和国残疾人保障法》颁布，1996 年 8 月，《中华人民共和国老年人权益保障法》颁布，这两部法律均有明确条文规定建设无障碍设施。自此，我国无障碍设施建设工作有了法律保障，开始走上依法推进无障碍环境建设的道路。经过多年的努力，我国许多城市的道路、主要商业街、广场、医院等建筑，不同程度地建设了无障碍设施，城市住宅小区的无障碍设施也开始起步。2002年国家提出创建全国无障碍设施示范城活动。

2008年3月28日，中共中央、国务院《关于促进残疾人事业发展的意见》发布，文件中第14节，专门阐述了关于加快无障碍环境建设和改造问题，明确提出了建设目标、任务和要求。文件中有关加快无障碍环境建设和改造的内容中第一次明确提出了交通和信息交流无障碍的概念。这是第一次以党中央文件形式提出无障碍环境建设任务。2008年《中华人民共和国残疾人保障法》修订，将原来《中华人民共和国残疾人保障法》有关无障碍条款，只有一条（第46条）扩充为一个章节（第七章无障碍环境），共7个条款（第52—58条）。修订后的《中华人民共和国残疾人保障法》为无障碍环境建设提供了法律保障。

当前，我国的城市规划和建设正处于新的发展期，我国已进入老年社会，老年人口已达1.4亿，是世界上残疾人和老年人占总人口比例最多的国家。因此，加快无障碍环境建设是我们的责任。近年来，我国无障碍环境建设有了很大的发展，但是与残疾人、老年人的特殊需求还有很大差距，还存在建设不规范、发展不平衡等问题，包括我们的设计人员、残联工作人员无障碍环境建设意识还有待提高。

城市交通系统是城市的社会、经济和物质结构的一个基本组成部分。城市交通系统把分散在各处的城市生产、生活等各种社会经济活动连接起来，在组织生产、安排生活、提高城市客货流的有效运转、促进生产要素的流动及促进城市发展方面起到十分重要的作用。交通问题不仅仅是一个纯粹的工程技术问题，也不仅仅是靠交通部门就可以解决的问题。方便的交通联系是社会发展的基础，为了保证残疾人和老年人等能够融入正常的社会生活，发挥他们的聪明才能，我们必须为这些群体建设一个无障碍的交通环境。

交通无障碍建设是近年来提出的新的建设内容和领域，最早提出这一概念的是 2007 年 11 月《创建全国无障碍建设城市工作标准》。在此前的各种建设规范、标准，均只局限于建筑物、道路、交通工具，从未明确对交通无障碍建设提出要求。各地也在城市建设中注意到盲道、轨道交通的无障碍建设，但仍然存在碎片化、形式化和缺乏系统设计的状况，正如有些残疾朋友所说，"无障碍的交通，有障碍的出行"。

交通无障碍建设的目的是让老年人、残疾人、拖行李车者、身体不适者和携带婴儿者等群体出行更安全、更方便，减少出行障碍，优化出行环境，最终使得所有人的出行更安全和便捷，更好地融入城市环境，融入社会。

本书还介绍了城市交通和无障碍出行所涉及的道路、轨道交通、交通场站等内容，供大家学习、参考和借鉴。

城市交通无障碍环境建设工作更是一项社会工作，在城市交通无障碍环境建设方面有许多课题值得深入研究，为此希望能发挥社会团体、大学和设计研究机构的作用，动员全社会广泛参与，共同努力，推进我国无障碍环境建设事业向前快速发展。

本书的第五、六、七、九章分别由李光一、孙松、施澄及郑煜铭编写，在此深表感谢！

目　录

第一章

城市交通系统

第一节　城市发展与城市交通

城市交通系统是城市的社会、经济和物质结构的一个基本组成部分。城市交通系统把分散在各处的城市生产、生活等各种社会经济活动连接起来，在组织生产、安排生活、提高城市客货流的有效运转、促进生产要素的流动及促进城市发展方面起到十分重要的作用。

与一般城市电力、上下水等基础设施不同，城市的布局结构、规模大小，甚至城市的生活方式都在很大程度上取决于一个城市的交通系统。洛杉矶的生活方式是由它的高速公路决定的，而伦敦的生活方式是由它的 19 世纪的铁路所决定的，纽约曼哈顿摩天大厦林立的 CBD 则有赖于它的地铁系统，我国城市形态呈同心圆式高密度发展模式与普遍采用的自行车和公共汽车、电车作为客运工具和对城市发展边界的控制有关。人们是通过一定的交通系统聚集并参与到城市的社会经济活动中。

人口的集聚看起来和经济发展水平密切相关。交通的发展，尤其区域性的公路、水路和铁路交通的发展，使得城市与其经济腹地之间客运和货运成本都有所下降，为地区的经济发展提供了一个巨大的机会，创造了较多的就业机会，促进了一个城市人口的聚集。城市人口集中程度随着交通的改善而变化。随着城市集聚程度的不断提高，尤其是进入城镇化的中后时期，城市中心地带生存空间日益狭小、交通条件日益拥挤以及地价日益上涨，而城市大容量快速交通体系等高技术交通和现代通信手段的迅速发展，使得人们可以方便地在城市不同地区生活和工作。距离已不再是居民进入城市生活中不可逾越的障碍。

城市交通与城市发展、土地使用之间是相互影响、相互作用的，它们的相互关系可用图来表示。

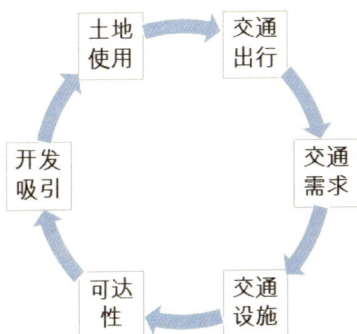

图 1-1-1　城市交通、城市发展、土地使用相互关系示意图

　　城市的土地使用是产生城市生产活动和生活活动的一个决定性因素，由于这些活动分布的区位性特征，需要一定的交通系统，如城市道路和公共交通系统等将这些活动相互连接起来，从而实现人、物和信息的流动，并由此产生一定的交通流，当交通系统条件改善以后，城市的可达性增加，而可达性的变化又将对一个地区的开发吸引力产生影响，这种变化又会进一步促进城市土地使用在性质上、在强度上的变化，交通出行也会随之发生改变。

　　伴随城市功能结构的调整和人口向城市集聚的同时，也会使得大批城市居民外迁到服务功能和就业机会相对较少的城市新区。交通出行的方便性是人们在城市中发展的重要基础，方便的交通出行使人们在就业和社会服务的选择方面有更多的机会。城市交通系统的建设不仅要考虑到城市中一般居民出行的便捷性，还必须考虑到残疾人、老年人和出行不便者的需求。避免在城市发展中对这部分社会群体产生环境排斥和发展机遇不平等的问题。

第二节　城市交通系统的构成

　　城市交通是城市内部及城市与外部之间的人员和物资空间位移。城市交通包括城市对外交通与城市内部交通，涉及城市中地面、地下、空中交通等各种运输方式。城市交通的有效运转取决于我们对交通系统的有效管理，这不仅涉及技术问题，也涉及政策和法律问题。

一、城市对外交通

城市对外交通泛指城市与其他城市间的交通及城市地域范围内的城区与周边城镇、乡村间的交通。其主要交通形式有航空、铁路、公路、水运等。城市通常有相应的设施，如机场、铁路线路及站场、长途汽车站场、港口码头及其引入城市的道路和轨道等。随着地区和区域一体化的发展，城市对外交通与城市内部交通之间彼此相互联系，相互影响更加频繁和密切。

二、城市内部交通

城市内部交通是指城市（区）范围内的交通或城市各种用地之间人员的空间移动和货物的运输。这些交通出行或货物的移动都是以一定的城市空间为起点，以一定的城市空间为终点，经过一定的城市地域空间而进行的。主要包括城市道路交通，以及地铁、轻轨、城市铁路等城市轨道交通和城市轮渡、水上交通等，有些城市也有空中缆车承担城市交通的任务。通常人们将城市内部交通称为城市交通。狭义的交通主要研究客、货运的"流"以及人流和车流的安全与畅通。更广义的交通运输主要研究客、货运的需求分布、运输方式、运营组织和价格政策，涉及交通部门管辖的市际客、货运输和由多个部门管辖的城市客运和物流货运。城市交通是一个从起点到终点联系不间断的过程。但城市交通的管理和建设涉及城市规划、公安交警、交通运输、市政建设、交通运输企业和其他有关主体，常常受到碎片化的组织框架的制约。因此，要从交通理念、管理体制、运行机制上多管齐下，多部门协调一致，树立系统化的规划设计指导思想，整合城市交通体系，克服交通出行的障碍。

三、城市交通的分类

城市交通根据运输对象的不同可分为客运交通和货运交通两大类。客运交通又可细分为公共交通和个体交通两部分，近年来各种共享交通服务的发展也为人们的出行带来方便。公共交通由常规公共交通、快速地面和轨道交通、准公共交通等部分组成。城市公共交通的建设要满足无障碍的要求。国外一些城市也有为残疾人服务的交通工具，这类服务可以归入准公交系统。

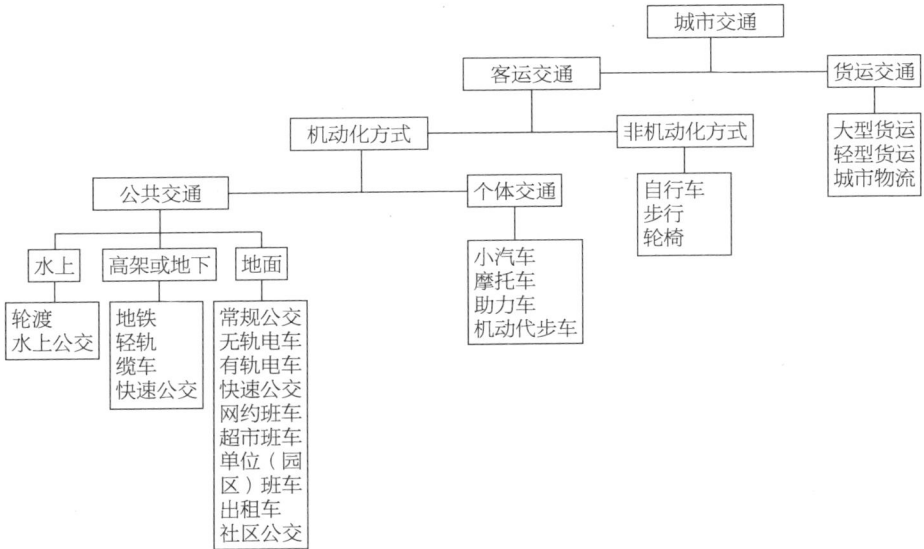

图 1-2-1 城市交通的分类

　　城市客运交通是指在城市及其周边，为方便居民出行使用的各种客运城市交通系统。它是整个城市交通的重要组成部分，对城市的经济发展、文化教育和居民的日常生活等方面均具有很大的影响，是城市功能正常运转的重要保障。

　　城市货运交通通常是指为满足城市社会生产和生活需求，使用各种工具运输货物的交通，它包括满足社会生产和大型批发需求的货运交通，也包括满足人们社会生活需求的轻货运交通和城市物流。

　　城市出入口交通是指在城市边缘地区或称为城乡接合部地区所产生的市区和城市外围地区相互之间的客货运交通形式。

　　城市作为一个开放的系统，出入口和港口、机场和大型车站担负着城市对外交通和城市内部交通"联结带"的作用。一般而言，无论何种城市对外交通方式，往往都要通过这一内外交通转换的过程，才能实现其门到门出行和货物运输全过程，我们必须考虑城市内部交通与城市对外交通衔接过程的无障碍。

另外城市还会承担一定的过境交通的任务，一般而言城市规模越小过境交通在城市交通总量中的比例越高。

以上描述了城市交通所涉及的领域和范围，目的就是使人们在研究城市交通的时候能够有一个较全面的考虑，既不要只看到客运交通，忽视了货运交通，也不要只看到机动车交通，忽视了非机动车交通，或者只看到中心区交通，忽视了城市外部地区与中心地区的联系……只有从全方位认识城市交通，才能有效地管理城市交通。

四、城市交通的层次

（一）市际交通

城市是市际交通的交会点或终端。不同等级的中心城市在其经济区内有不同的集散和过境的客运交通网，对其周围的城市和乡镇起着承上启下的作用。这些交通是通过航空、铁路、水路和公路来实现的，在点、线、面的联系上构成一个完整的交通运输网络，促进国民经济的发展。从大宗货物的运输来看，每公里的铁路运输量是公路的 4—5 倍，铁路运输的效率要远远高于汽车。只有更好地发挥铁路在市际客运和货运中的作用才能更有效地抑制汽车交通，减少交通污染和事故，减少道路建设对土地资源的侵占。我国高铁系统的建设对中长距离的旅客出行具有很大的吸引力。我们要改善联系更加密切的 300km 以内铁路客运交通。

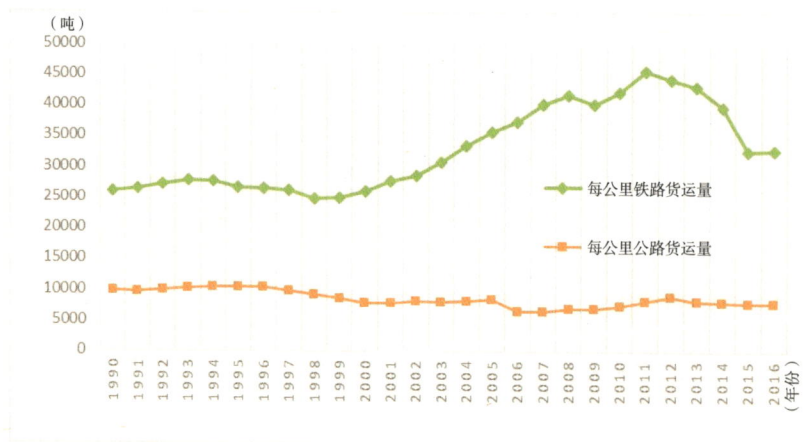

图 1-2-2　铁路公路运输强度比较

城市往往是国家和地区综合运输网络的节点和枢纽，城市交通是区域经济和全球经济体系中交通运输全过程中的重要环节。各种交通运输方式的换乘换装、中转及其产品的集散，都要在城市及其周边地区实现。城市是区域性或全球性经济活动的焦点，也是区域性交通联系的起讫点。如果只重视远距离的干线运输，而忽视了城市交通运输的衔接，则难以发挥综合交通运输网络对城市发展的支撑作用。目前城市的出入道路不畅，铁路车站选址不当与城市交通结合欠佳，港口吞吐能力与陆上疏散交通的方式和能力不协调，从高铁站到市内的乘车时间超过在高铁上的时间，这些都说明改善城市交通与大交通的衔接十分重要。但目前由于城市交通与大交通管理上政出多门，缺乏协调，影响了城市间交通出行的便捷性。

（二）市域交通

城市是地区经济的吸引中心，市域交通起着承上启下的作用。城市的功能是多方面的，城市不仅是工业生产的基地，而且是金融中心、贸易中心、信息中心和交通枢纽，有些城市还是政治、文化、科研和教育中心，它对周围城镇经济发展具有很大的影响。衡量一个城市的效能，不能光看其国民生产总值的高低，还应看它在地域中的经济集散和辐射能力。集散能力越强，它带动周围城镇经济发展所起的作用就越大。

我国城市十分重视中心城市与周边城镇之间的高等级公路建设，这对周边企业的发展、地区经济的活跃起到了很好的促进作用。城乡公交体系的建设大大方便了中心城市与周边地区的联系，加快了信息交流，提高了办事效率，使周围小城市和乡镇在经济中心城市的带动下得到更快的发展，使城市的服务功能进一步扩展到周边地区。

（三）市内交通

城市交通还承担市内客货运输、上下班和生活等交通。不同城市规模和城市的空间布局对城市交通的出行量、交通方式的选择和出行距离有很大的影响。一般而言经济越发达，交通越方便，人们的出行次数就会增加。我国许多中小城市有中午回家吃午饭的习惯，这些城市的交通出行次数就会增加。商业发达的城市，人们的业务、生活出行的次数也会比以加工业、采掘和制造业为主的城市更高。

根据世界公共交通协会数据库的信息显示，城市人口越多，面积越大，人们的出行距离并不一定也随之增长。

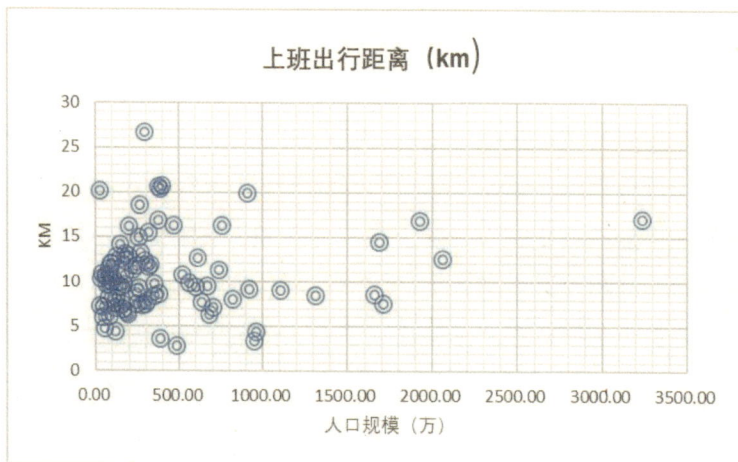

上班出行距离（km）

图 1-2-3
世界城市人口规
模与出行距离

以国内的城市北京和上海为例，上海城市的人口较多，但在上海人们出行的平均距离仅为北京的 2/3 左右。另外有一些特大城市是以行政手段通过周边地区城市的合并达到特大城市的人口规模，但其内部的经济联系仍然有一定的独立性，人们的就业和生活空间扩大范围有限，所以出行距离也并不是太长。广州 2017 年的调查数据显示，在市域范围内 64.3% 居民的出行距离在 6 公里以下。同样是世界城市，巴黎的平均出行距离要远远小于纽约和东京。

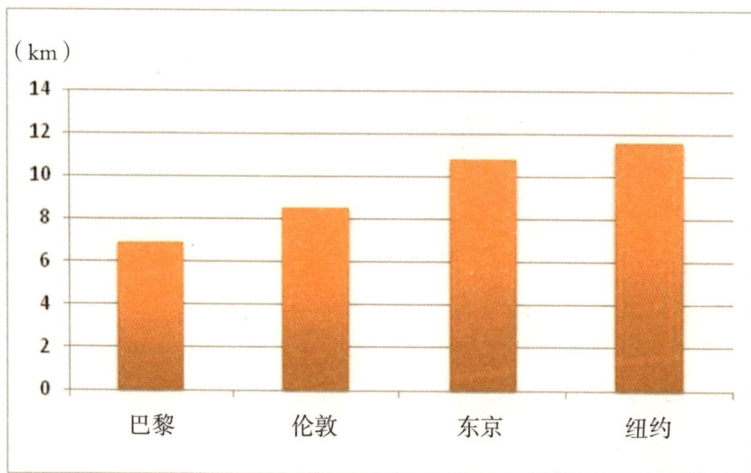

图 1-2-4 世界主要城市平均出行距离

影响市内客运交通的一个重要因素是城市流动人口，其数量往往是城市常住人口的1/5—1/4，这部分人的城市交通也必须考虑，其中许多人携带行李和婴儿，无障碍交通的建设也会方便这部分人群。

城市交通具有很明显的时效性，不同类型、不同职业的人群都有比较固定的出行时间和范围，因此，掌握不同人群的出行规律、特性、流动方向和交通方式是解决城市交通问题的重要内容。

城市，尤其是特大城市的交通解决得不好，会使职工每天在路途上浪费大量时间和精力，影响情绪产生焦虑，这种焦虑又会传导到日常工作和家庭生活中，从而影响人们的幸福感和工作的效率。反之，城市交通治理得好会产生很大的经济效益、社会效益和环境效益。

过去有一个观念：航空、铁路、水运、公路和管道运输（即所谓大交通）是生产性的，被列入国民经济计划，而城市交通被视为非生产性的，在建设资金方面不易保证，城市基础设施建设遭到削弱。随着经济的发展和城市化水平的提升，为了土地批租或吸引投资，城市交通建设受到"通过道路建设拉开城市框架的理念"的支配，特别强调城市快速路、高架路的建设，为了提高车速，城市道路交叉口展宽也成为许多地区的一个基本建设准则，这样所带来的问题就是不论是残疾人还是一般市民，他们过马路非常困难，在滚滚车流面前行人望而却步。

图 1-2-5
让人望而却步的巨大路口

　　"以人为本"的宜居城市建设需要城市交通发展的转型，注重对城市最大的公共空间——城市道路空间分配的管理。如以某市一条双向八车道的南京路为例，这条道路路缘石之间的距离为40米，如果全部给小汽车使用，高峰可通行小汽车8000辆，按每辆车1.4人计，通过该道路的人数一共为11200人。若改为单向一条机动车道加有轨电车，每列有轨电车按300人计，发车间隔为2分钟，则每小时内通过的人数高达19260人。同时路缘石之间的距离可以减少到26米。

　　按每秒1米的步行速度计算，人们要穿越一条八车道的马路需要40秒，行动不方便者的步行速度减半，则他过马路的时间将达到80秒。如果引入轻轨，行动不便者可在60秒以内安全穿越这条道路。所以城市交通方式的转型会大大方便包括残疾人在内的各种人群的交通出行。

第二章

无障碍环境建设的整体理念及其发展趋势

第一节　无障碍环境建设的整体理念及其发展趋势

无障碍环境建设的整体理念指的是无障碍环境建设在基本观念、对象确认、内容选择、设计实施等方面的整体性立场和观点，是决定如何对待残障人士和相关的弱势群体，为他们提供怎样的生存条件的基本出发点，也是衡量一个社会文明程度的重要标尺。

一、对待残障人士的观念模式及其转变

总的来说，到目前为止，国际上对待残障和残障人士的基本观念可以分为三个不同的模式和演化阶段：

（一）第一阶段：残疾医疗模式（The Medical Model）

残疾人被认为是一个被动的、病态的、不能独立的、需要医疗和救济的特殊群体。在这种模式中残疾人的价值被忽略、被否定，他们仅仅被当作社会福利和社会财富的消耗者，是社会的包袱和累赘。

（二）第二阶段：残疾社会模式（The Social Model）

伴随着人类社会的发展和文明的进步，人们逐渐认识到残疾人无法正常参与社会生活并非由残障人士自身的缺陷所造成，而更多的是由排斥甚至隔离残疾人的社会环境所造成的。如果消除这些障碍，残障人士完全可以与其他人一样参与到正常的社会生活中去，甚至同样地创造社会物质财富与精神文化财富。

（三）第三阶段：残疾权利模式（The Right Model）

这种模式认为残疾人作为社会主体，当然享有与生俱来的基本人权。《世界人权宣言》声明"人人生而平等，在尊严和权利上一律平等"，进一步认识到残障人士和其他社会弱势群体是人权的主体，应该有均等的机会参与社会生活和发展。

从被动型救助对象到主动型权利主体，反映了国际社会对残障和残障人

士基本观念的一种根本性变化过程。实施上，障碍的存在与否及其程度，要看一个人的社会角色和活动是否或者在多大程度上受到限制，而不是简单地观察其自身的生理或心理缺憾处于何种状态。

二、无障碍环境建设的服务对象的确认及其改变

（一）初始阶段：狭隘分离的服务对象

1963 年，国际残疾人行动计划中明确指出："以健全人为中心的社会是不健全的社会。"在国际社会团体和社会各阶层的推动下，"无障碍"的概念开始形成，此时无障碍设施的建设是独立的，服务对象仅仅限定于残障人士，特别是肢体残疾者。

（二）发展阶段：扩大兼顾的服务对象

20 世纪 70 年代以来，随着生活的改善和医疗水平的提高，人类的平均寿命不断提高，无论发达国家还是发展中国家都出现了老龄化趋向，拓展了无障碍设施建设的服务人群。不仅仅是老年人，孩子、孕妇、病人、外国人也渐渐加入到无障碍设施的使用者行列中来。

（三）通用阶段：包容统一的服务对象

进入 20 世纪 90 年代以后，"人人平等"的思想得到进一步的关注和贯彻，无障碍环境的建设是为社会所有成员服务的，为任何一个社会成员提供无障碍的出行、交流的环境。

因此，无障碍环境建设的服务对象包含的人群很广泛，不再是传统上的服务人群——生理缺陷的残障人士，还包括老年人、孩童、孕妇、病人这些由于自身生理阶段和限制造成使用社会各种设施不方便的人群，因推婴儿车、行李负担过重等外在原因造成的行动不便的人群，以及外国人等由于文化背景不同造成出行不便的人群。目前国际社会已达成共识：特殊需求人士与普通人一样都是社会的一分子，所有的社会成员享有一样的权利，无障碍环境建设就是为了让每一个社会成员能够公平、自尊、独立地参与社会生活，它的服务对象已经拓展到社会的每一个成员。

三、无障碍环境建设内容的发展阶段及其推进

无障碍环境建设内容随着人类社会对残障人权的认识过程、无障碍环境

建设自身实践的发展过程，以及经济实力的增长，向更全面、更深入的层次推进。力图为社会每一个成员提供可连续使用的不受约束的物质环境空间和社会环境空间。

（一）无障碍物质环境建设阶段

在无障碍物质环境建设初期，建设重点是无障碍设施建设，集中体现在道路、公共设施和建筑的无障碍设施建设。

在无障碍物质环境建设后期，随着经济的发展，科学技术为特殊需求人士提供了解决问题的新的方法和机会，无障碍物质环境建设增加了交通无障碍和信息无障碍两个方面的内容。在 2002 年《琵琶湖千年行动纲要》中就明确提出了公共交通无障碍和信息通信无障碍，并提出在一定期限内应该达到的标准。

（二）全方位无障碍环境建设阶段

阻碍残疾人、老年人及其他特殊需求人士独立、平等地参与社会生活的因素不仅仅是物质条件方面有形的障碍，还包括在社会制度保障、社会成员的行为习惯、意识形态、心理等方面造成的无形障碍。无障碍环境建设必须消除一切有形的和无形的障碍，通过制定法规保障无障碍环境建设的实施，通过宣传、教育、交流合作使每一个社会成员了解、熟悉相关知识进而自觉遵守法规并能主动帮助残疾人等特殊需求人士，通过政府组织和民间团体共同努力使社会的每一成员能够真正平等地享用社会资源，利用多种方式创建全方位的无障碍环境。

应该指出，在全方位的无障碍环境建设阶段，物质环境的无障碍建设特别是交通无障碍和信息无障碍建设依然是建设重点之一，有形的物质和无形的观念、制度等无障碍建设相互融合发展，相互促进，不可偏废。

总体而言，无障碍环境建设的内容由单纯的物质环境建设推进到综合性的全方位的社会环境建设，包括硬件（有形的建筑、交通、公共设施、信息等）无障碍环境建设和软件（无形的制度、行为习惯、社会意识、公众心理）无障碍环境建设。

四、无障碍设计理念的发展

一般而言，无障碍设计满足的是残障人士最低物质环境需求，弥补"通常"环境设计都是围绕着正常人需求而带来的制约与不足。然而，实践证明，早期的无障碍设计有其局限性，随着社会的发展，无障碍设计不仅在服务对象上发生了改变，而且特殊需求人士具体的需求起点和标准也发生了变化，因此无障碍设计的方法和原则也相应地做出了改变。

（一）从无障碍设计到通用设计

无障碍设计为特殊需求人士创造了容易接近和独立生活的环境，考虑的是如何独立解决残障人士的问题，却造成了与社会中其他人群的显在的差异甚至冲突，其局限性和缺点主要表现在以下方面：

（1）产生社会问题：残疾人专用的无障碍设施将他们与"正常人"标识并且分离开来，在一些场所还妨碍了其他人对设施的使用。

（2）缺乏市场价值：适用对象太少，经济回报率低。

（3）缺乏美学考虑。

（4）给残障人士带来另外的麻烦：为了使用这些特别的设施，特殊需求人士必须付出时间、距离等其他代价。

"通用设计"的提出，主要就是针对上述问题，考虑环境设计的无障碍性、实用性和美学需求，可以同时满足残障人士和非残障人士的需求。它并不是推翻原有的无障碍设计标准，而是针对现有的无障碍设计出现的问题提出解决方法，是对无障碍设计的继续、弥补和延伸，是实现无障碍环境惠及大多数人的设计方法。

（二）从满足规范标准到注重实际需求

当无障碍设计要求进入到法规层面，就具有了约束性和强制性效能。在城市建设、规划建筑设计等领域就有了规范与标准，建设和设计行为具备了相对具体严格的依据。然而这样的设计方法在某些特定情况下会走进刻板、教条的误区，同时，也不排除部分业主或设计人员为了自身利益或其他原因，尽管在建设或设计时达到规范要求，却没有考虑具体要求，有时会与实际需求相距较远，甚至会给使用者带来意外的麻烦。

现代无障碍设计在设计原则上更加注重使用人的实际需求，在达到规范要求的前提下，通过调查使用者的实际需求，利用科技手段，对环境设施的实际效用进行换位评价和考量，因地制宜、因人而异，真正从使用者的需求出发进行无障碍环境的设计。

第二节　无障碍环境建设的法规体系

如何确保残障人、老年人和其他特殊需求人士平等、自尊地参与社会生活，拥有自我实现的权利，无障碍政策、法规的制定和实施是其切实保障。

大约有40个国家通过了新型的反对残疾歧视的法律，有100多个国家和地区制定了无障碍建设标准，主要对道路、公共设施、建筑、交通及信息的无障碍标准进行了明确的规定。

一、重视无障碍环境法规体系的建立

从实践看，关于无障碍环境建设的规范、标准、条例如果不是用法律法规的形式表现，而是用指南、指导等形式颁布，在建设和管理中起不到应有的约束作用。一些国家如新加坡、日本等在初期制定了无障碍标准和设计指南，允许各部门和社会主体自愿执行，结果完成的进度非常缓慢，难以依靠自觉行为来实现无障碍设施的建设。因此，将无障碍环境建设的规范以法律的形式明确，是保障无障碍环境建设的关键，具有重大意义。

（一）无障碍法规的形式

各国关于无障碍的法律规定以不同的方式存在，有的以具体的无障碍法规独立颁布，有的则存在于各国的反残障歧视法案中，还有的则是融入相关的各种法规中去，或三者兼而有之。

（二）注重无障碍法规体系建设

联合国在残疾人权利法规中多次就无障碍设施、环境建设制定原则性方针与要求，对世界各国无障碍建设发挥了巨大的推动作用。国际先进国家自1961年美国制定第一部无障碍法规以来，依据本国情况制定了各自的无障碍法律和规范。

无障碍环境建设内容由简单的物质设施向全方位全过程的无障碍社会拓展，需要不断补充新的法规、条款对其进行规范化约定，关于无障碍环境建设的法规体系也就逐步丰富健全起来。到 1995 年，韩国已有 30 项关于促进残疾人和老年人无障碍通行内容的法律法规，包括残疾人福利法、建筑法、城市规划与区域法、停车场法、房屋建筑无障碍通行法、公共公园法和公路法等。

二、重视法规体系不断调整与完善

（一）法规修订

随着社会发展，会导致既定法规中的一些条款时效性的丧失，或者实践后证明难以实施或作用不大，必须及时修订。

1. 按修订时间划分有两种方式

固定周期：美国标准协会规定，无障碍技术标准和法规每 5 年修改一次。

不定期：根据国内实践的具体情况，既可以在制定其他法规时对不合理条款加以修订，也可以对本法规的失效条款进行补充说明，重新制定合理的规范。

2. 就修订内容而言，可以分成两种方式

针对无障碍技术规范的修订：英国关于无障碍卫生间的规定修改过程：1967 年 CP96《便于残疾人使用的建筑》关于男女通用卫生间的设计尺寸为 1370mm×1750mm，从用户那儿得到的反馈证实这一尺寸不够宽敞，1979 年 BS 5810 规则修改尺寸为 1500mm×2000mm。

针对非技术内容的修订：对无障碍环境服务人群修改：英国 1985 年《建筑规则》M 部分将残疾人严格限定为移动困难者，1991 年修改 1992 年生效的《建筑规则》M 部分第一次将感官残疾者包含在内。1995 年 DDA（The Disability Discrimination Act）规定配备无障碍设施为所有人服务，包括肢残、听力缺陷、视觉缺陷、智力缺陷人士，也包括老人、婴儿、护理人员等。

（二）惩罚性规定与免责规定

各个国家和地区为了确保无障碍法规被遵循，采取了不同的策略。如菲律宾对违反无障碍法规制定了罚款和监禁的条款；日本则采用惩罚与奖励相结合的方法，对违反规定者进行强制性罚款，对自觉遵守者进行优待，比如补给面积等。日本 2000 年《促进老龄人、残障人士使用公共交通设施行动便利法》第 6 章则根据违反该法的不同行为和不同对象制定了不同的罚款数额。

一些国家还制定了免责条款，符合免责条款规定的情况可以免于建设无障碍设施，一般而言，限于建筑自身结构的限制或具有历史意义允许免于实施无障碍法规。英国 DDA 也做了细致的规定，比如服务商不用改变其经营的基本要求以适应无障碍法规的规定，例如酒吧等服务场所为了维护经营场所所需要的氛围，不用为有视力障碍人士调亮灯光。

（三）具体规定数量化

除了对无障碍设施的具体尺度进行数量化规定外，一些国家和地区还对无障碍建设制定了比例上的规定，规定数量化方便执行，利于验收检查。

如美国华盛顿制定的无障碍技术规程规定：20 套以下的公寓建筑中，必须设一套无障碍住宅；20 套以上时每 20 套有一套无障碍住宅。3 万人口以上城镇，必须配备 10—20 台无障碍出租车；2003 年澳大利亚无障碍环境政策（Accessible Environments Policy）规定学生宿舍至少应有 10% 的单元是无障碍的。

（四）技术规定多样化

多个国家根据地区不同情况对无障碍设施配备制定了不同标准。如澳大利亚 AS1428 参考了澳大利亚建筑法提出了无障碍配备的最低要求和一般要求。日本的公共无障碍建筑标准也设定了最低标准和推荐标准。美国、英国、澳大利亚等国家都根据建筑和设施不同的产权所属区别对待，确定应进行的无障碍建设和改造标准。

三、技术性规范分类更加细致

（一）火灾警示、逃生的无障碍设施规定

一般来说，在建筑设计规范中都有防灾和紧急疏散的要求，但在建筑和设施的无障碍设计和建设中，很少考虑到残疾人等行动不便的特殊群体的要求。然而，残障人士作为社会的一员，任何一个对特殊人士开放的空间都应该也必须配备、建设紧急情况下残疾人等行动不便的特殊群体的逃生通道，采取有效的措施使他们能和正常人一样离开危险的地方。英国、美国、澳大利亚、日本等国家和地区的无障碍法规都有相关规定，以英国为例：

英国《建筑规则》（1991年）、《Part B1 火灾安全措施》（1992年）特别对 BS 5588 第 8 部分和残疾人逃生技巧进行了说明，指出"不允许在此章程提及的设计里排除残疾人"。

为残疾人所设的无障碍防火安全设施包括以下几个方面：

（1）总体设施供给：灭火器、告示牌、打碎玻璃报警点、紧急情况信号灯、警报系统等设备的无障碍安装。

（2）疏散办法：无障碍避难所、疏散程序等。

（3）管理：查看个人疏散方案、火情卡片和标志等信息源。

（二）对历史文化保护建筑的无障碍建设规定

历史文化保护建筑除了其当前的使用功能外，更包含着丰富的历史信息，具有旅游、观光功能。对此类建筑和设施的无障碍改造必须与历史文化建筑和环境的保护相结合，既可以满足所有人使用、参观的需要，又不破坏建筑和环境原有的风格与结构。

美国 1994 年 7 月修订的 ADA 无障碍设计标准（ADA Standards of Accessible Design）对历史文化建筑的无障碍改造有明确的规定：

一般而言，历史文化建筑按已建建筑无障碍改造的最低标准进行无障碍改造，其技术规范与其他建筑相同。在国家或州历史文化名建筑名单中的特殊建筑依照《国家历史保护法》106 章节（Section 106 of the National Historic Preservation Act）的规定进行无障碍改造。

（三）对信息无障碍建设的规定

信息无障碍是指任何人（无论健全人还是残疾人，无论年轻人还是老年人）在任何情况下都能平等地、方便地、无障碍地获取信息、利用信息。信息无障碍主要包括两个范畴：（1）电子和信息技术无障碍；（2）网络无障碍。目前信息无障碍建设越来越被世界所关注，已有多个国家和地区对信息无障碍制定了相关的法律和规范，如美国、德国、加拿大、法国、印度等。

2002 年 5 月 1 日起，德国无障碍信息技术条例（BITV, Barriere Freie Information Stechnik-Verordnung）正式生效，该条例规定：所有联邦机构都有义务将其网页进行无障碍设计；所有州都应出台相应的州管理条例，以规定各州及地方机构的无障碍网站义务。

（四）住宅无障碍建设的规定

家是人们停留时间最长的空间，对于残障人士、老年人而言更是如此，住宅的无障碍建设最低限度可以帮助部分残障人士和老年人实现生活自理，减少重度残障人士的护理负担，一定条件下还可以帮助部分特殊需求人士采取家庭办公的就业形式实现自立。

美国修订于1988年的公平住房法要求在住房政策和操作上制定合理的针对残障人的例外规则，以给予残障人平等的住房机会。例如，业主的"无宠物"政策可以被要求设定一个例外的规则，允许盲人在住处保留导盲犬。法律要求业主允许残障的租户对公用的空间和私人空间做合理的无障碍修建。法律进一步要求新建的4单元或更多单元的多户住宅的设计和建造对残疾人应该是无障碍的，包括无障碍的公用空间，可供轮椅使用的足够宽的门，可以让轮椅使用者操作使用的厨房和卫生间，以及其他无障碍设施。

日本1995年颁布了《与长寿社会相适应的住宅设计标准》对房间配备、扶手、高差、通道、地面与墙面、室内设施以及住宅内的各个部分（厨房、卫生间、卧室阳台、门庭等）、住宅与公用部分（通道、楼梯、电梯等）制定了明确的设计标准。

第三节　国际无障碍环境建设政府职能及社团组织

一、国际无障碍环境建设中的政府部门组成

无障碍环境的建设，不是单单一个部门或机构就能够独自承担的，教育、福利、医疗、就业、交通等领域的政府部门必须紧密合作、贯彻执行才能确保无障碍环境建设顺利实施。如何实现各部门间在无障碍建设上的合作呢？一个行之有效的方法就是由政府组织专门的无障碍机构来实施、监督、协调各部门的工作。

（一）针对无障碍环境建设的政府特定机构

各国政府因国情不同采取的方式各不相同，各具特色。

澳大利亚：澳大利亚的各个地方政府建立由地区当局和地方社区组成的无障碍委员会。建立了无障碍委员会的地方政府就可以向国家申请资金进行无障碍建设。委员会必须有地区的政府代表，包括议员、建筑、规划、工程管理人员、社区服务人员，并包括社区残疾人、老年人、倡导者代表等。一般下设4个分委会：交通无障碍分委会、通道规划无障碍分委会、建筑和工程无障碍分委会、宣传和联络无障碍分委会。

英国：中央政府鼓励地方政府任命规划局（英格兰为建设局）的一名官员作为专门的督察官员（Access Officer），在残疾人无障碍问题上提供准确的条款。在城市建设中引入督察官员制度并建立督察小组成为英国的特色。

日本：日本各个地方政府都要制订障碍者基本计划，建立无障碍建设推进本部（障害者施策推进本部）。为有效推进此综合性计划的实施，以无障碍建设推进本部为中心，在内阁总理大臣的领导下，强化相关政府部门的协作关系。为有计划地推进各地区综合性措施的实施，加强与都、道、府、县的协作，通过市町村联合，指导制订可大范围适用的市町村计划。

（二）无障碍环境建设中政府及特定机构的职能

1. 政府职能

联合国大会在1993年12月"残疾人机会均等准则"中指出："国家应采取一些措施，以消除实际中存在着有碍于参与的因素。这些措施包括制定标准及指南，并考虑建立法律机制，以确保各个地区的住房、建筑、公共交通服务及其他运输方式、街道和其他户外环境等方面的设施都有所保证。"保障无障碍建设的实施和管理，组织国家、地区间的交流与合作等。

2. 执行机构

无障碍环境建设执行机构的职能以监督、协调、评估、宣传为主。

英国督察官员在提高商业机构和其他社区部门的无障碍意识方面发挥着很大的作用，并通过视察经营场所保证他们能遵守无障碍准则，地方督察官员在残疾人与设计者和议会成员之间充当了协调者的角色；澳大利亚无障碍委员会的基本职能是改进无障碍立法和执行的质量，不断地评估检查无障碍规范和标准，以实现这些法规的有效执行。同时定期对地方当局技术人员和企业进行教育和培训，以提高他们对无障碍问题需求的意识和理解。

二、社团组织

（一）无障碍相关社团组织

与无障碍建设相关的团体主要包括 3 种类型（以日本为例）：

（1）残障人士团体——当事人联络会、家族会，当事人团体，脑、神经、精神、视觉、盲人、听觉、认知、身体残障联合会。

（2）社会支援团体——障害者生活与权利保障全国联合会、社会福利协会、全国自立生活中心联合会及社工、法律援助团体等。

（3）技术支持团体——残障者通信研究会、视觉辅助研究会等。

（二）社团在无障碍建设中的积极作用

尽管建设无障碍环境是为每个社会成员服务的，但在现实生活中能在第一时间直接感受无障碍建设带来的方便舒适的人群还是目前生活中的行动不便人士。最初，正是由于他们对自身权利不断地争取与努力，才促使社会认识到他们的需求，并逐步进行无障碍环境建设。

（1）作为一个团体有组织地向政府、社会反映各类行动不便人士的切实需求，为残疾人、护理人员和服务工作者提供相关设备和服务，如各类残障人士团体。

（2）游说政府改进法律和政策，推动无障碍立法和设施建设；今日美国残疾帮助计划（American Disabled for Attendant Programs Today）对推动《美国残疾人法》中无障碍交通方面的严格要求发挥了主要作用。美国此刻无障碍组织（Access Now）为了使商业机构遵循《美国残疾人法》提供法律支持，将违法公司送上法庭。

（3）研究分析和技术支持：对残障人士的生理、心理进行科学的研究，对已建设施的使用效能进行测试提出改进方案，开发新的无障碍用品等，为立法者和决策者提供有关信息。日本残障者通信研究会研究为残障者提供无障碍通信信息服务的设施。

（4）教育宣传与培训：在无障碍环境建设中政府部门和社团组织相辅相成，缺一不可，在不同层面上保障、监督无障碍环境建设的顺利实施。国际上一些国家建立专门无障碍部门，其成员既包括政府官员、技术工作者，也包括残障人士和服务人员，在协调各部门工作、沟通政府部门与经营者和特殊需要使用者意愿、监督无障碍建设上起到积极的良好的作用。

第四节　无障碍意识培养及社会环境营造

物质环境的无障碍建设为特殊需求人士的出行和空间利用提供了基本的设施保障，是特殊需求人士生活不可缺少的物质环境支持。然而，社会对特殊需求人士的理解和认同，全社会无障碍意识的培养与创建才是特殊需求人士融入社会、实现自我的根本所在。

一、无障碍意识宣传

将平等尊重的观念输入每个社会成员的意识中去，使他们真正理解、尊重进而帮助以残障人士为主体的特殊需求群体，同时也可以排除特殊需求群体自身存在的自卑情绪，在社会生活中自信地发挥自我价值。

运用各种方式让社会各成员理解到无障碍环境的建设不仅是为特殊需求群体服务，他们每个人都是无障碍环境潜在的服务对象。

（一）宣传方式

发达国家和地区以联合国各次大会及联合国残疾人十年、亚太残疾人十年（延长十年）为契机，政府部门和非政府组织举办各种宣传活动，制订媒体行动计划，引导广大媒体有效介入，比如制作简明易读的宣传资料，使用正确的术语，开展丰富有趣的文艺活动，奖励无障碍事业中做出突出贡献的组织与个人等。加拿大从1988年起开始举办国家无障碍意识宣传周是一个很好的宣传范例。

（二）宣传内容

在提高公民无障碍意识的活动中，强调无障碍环境对所有人的好处，并非仅仅为特殊需求人士独享；强调残障人士、老龄人的能力，形成积极的社会形象；宣传残疾人法规和无障碍法规，了解法律的约束力；宣传人人平等的观念，从思想根源上消除对残障人士的歧视；推广生活中基本无障碍设施的使用方式等。

二、无障碍知识培训

对广大公众而言，接受理解无障碍理念，共同创造良好的社会环境就能达到宣传的目标。然而，对特殊需求人士本身、相关服务人员、工作生活中可能有较多机会接触特殊需求人士的人员，仅仅理解无障碍理念是远远不够的，他们必须学习无障碍设施的使用维护知识，用专业的手段帮助自己、帮助他人。

（一）对特殊需求人士的培训

培训特殊需求人士如何使用无障碍设施非常重要。例如：视障人士如何实现定向行走，如何使用可携式信息仪器；肢残人士如何使用辅助行动工具；针对特定智障人士的生活培训，等等。国际上对特殊需求人士的培训基本由相关特殊学校、福利机构以及国际组织承担。

（二）对服务人员的培训

对相关服务人员和在工作生活中有较多机会接触特殊需求人士的人员的培训也必不可少。美国制定了《地方政府 ADA 指南》(An ADA Guide for Local Government)，培训地方政府部门工作人员如何帮助特殊需求人士，甚至细化到每个部门对不同残障类型人士如何帮助。2006 年美国警察就培训学习如何帮助自闭症（Autism）人群。日本在《无障碍交通法》中也明确规定公共交通企业必须对员工进行必要的培训。

（三）普通人的残疾模拟训练

分批对普通人进行残疾模拟训练，有助于常人切身感受特殊需求人士行动、交流不便产生的困扰，帮助他们更好地理解残障人士的需求。国际老龄化及帮助亚洲培训中心经常举办这样的训练。

三、教育

与宣传和短期培训相比，教育对社会成员无障碍意识的培养和无障碍知识的获取更具系统性和延续性。

（一）在所有学校中纳入无障碍意识和相关知识教育

欧美、日本、澳加等发达国家实行的融合式教育（Inclusion Education Programs）（也有特殊教育机构），使孩子们从小在实践中学习理解尊重不同的孩子，并学习如何与他们平等相处，如何帮助他们。学校在课程设计上也加强了无障碍知识的教授。

（二）在大学相关专业开设无障碍设计课程

无障碍的平等出行与交流需要依靠物质设施的帮助来实现。作为这些物质设施的设计者、建造者应该具有相应的无障碍设计知识，在源头上实现建筑、交通、设施的无障碍化。日本建筑学会下设的规划委员会建立了残疾人分会，其一项主要任务就是在日本高校系统推广无障碍设计教育。1993年，该分会进行的调查表明，70%的院校（包含建筑、土木工程、结构设计、室内设计、环境设计和规划、交通等领域）开设了无障碍设计课程，课程内容包括设计练习、残障人士和老年人的生理学和心理学、法规学习等。

（三）专业工作者的知识更新

1991年日本横滨国立大学的调查表明，受调查的有多年工作经验的建筑师约有86%对无障碍设计没有涉猎。因此，已工作的专业人员的知识更新十分重要，2006年6月新的《无障碍法》的颁布将进一步督促专业人员学习新的设计知识，更新原有知识，适应社会的发展。

无障碍社会环境的营造由浅入深，由普遍到专业，包括宣传、培训、教育三个层次，涉及对象分成特殊需求人士、普通民众、服务人员和专业人员四种类型，实现全面的无障碍社会环境的营造。

四、无障碍环境建设新技术的研究与设施建设

伴随社会发展和科技进步，国际先进国家和地区尝试利用新的技术和手段解决无障碍环境建设中遇到问题的研究和实践，为我们提供了新的经验。

（一）无障碍环境建设技术研究机构

发动全社会力量，从不同角色位置进行无障碍技术研究。大学通用设计研究中心、相关企业研发部、相关民间组织、残疾人组织以及医疗、交通、福利等政府部门对各不相同却有密切联系的各种类别的无障碍设施技术进行不同层面的研究。

（二）无障碍环境建设高新技术研究与应用

1. 数字化信息技术的研究与应用

近几年来，国际社会对无障碍设施建设影响最大的莫过于信息技术的快速发展，将信息技术运用于无障碍设施的建设中，力图实现合理交通组织、出行路径诱导、危险防范及室内外信息获取。

（1）美国先进运行系统

研究全球卫星定位系统（GPS：Global Positioning System）在公共交通领域的应用并利用公共交通的先进运行系统（AOS：Advanced Operating System）（包括：GPS、AVL系统、车载系统的设备和计算机辅助调度）可以实现按美国残疾人法（ADA）的规定为特殊乘客提供的准公共交通服务。

（2）日本行人ITS（Intelligent Transportation Systems）系统（智慧型运输系统）

日本是最重视ITS系统应用于出行弱势群体的国家。行人ITS系统主要向3个目标迈进：创造高龄者能安心、舒适出行的道路环境；执行《无障碍空间法》确保残障人士积极参与社会活动；利用资讯发展创造整合个人相关资讯的通信社会。

日本的行人ITS系统主要利用个人可携式设备的发展来提供行人安全防护和资讯获取。

（3）英国视障者行动引导计划

英国视障者行动引导计划以视障人士为对象，提供微观环境和宏观环境的引导资讯。系统应用无线通信网络将视障行人步行情景连接至路径引导中心，然后用语音讯息方式，将引导信息描述给使用者。

（4）日本盲文图书馆网络系统（NAIIV Net）

通过对全日本所有盲文图书馆中的图书目录进行统一管理，实现了数据的随处搜索。每一家信息供应机构利用借阅系统，通过自己的图书馆目录进行图书馆管理。视障人员也可以使用该系统，通过使用JAWS（语音任务访问）屏幕阅读软件，并利用JAWS中的语音合成技术管理搜索借阅系统。视障人士可以搜索全日本的图书馆目录，并使用主页浏览器发出借阅申请。

2. 仿生技术的研究与应用

通过对残障人士生理障碍的病理研究，尝试运用高科技手段从其内在根本上解决阻碍残障人士的正常参与社会生活的生理障碍。

（1）日本：开始生产一种专门供行动不便的老年人和残疾人使用、装备自动机的特殊机械服装。这种服装可使老年人和残障人士在无他人帮助的情况下，自己坐下、站起和上楼梯，此外还能在没有一把椅子的任何地方进行休息。

（2）美国 Color Test 150 颜色分辨器，声音合成器。

3. 其他高科技技术与设施

（1）路径诱导和危险防范：公共交通站点的电子信息牌、公交声讯接收器、盲人过街声讯控制装置及延时按钮、路口行人探测器等。

（2）互联网信息无障碍：无障碍网页设计，无障碍的电脑操作硬件，残障人士服务网站建设，生活相关信息数据库建立与维护。

（3）机械设施：如轨道式机械爬楼梯装置。

（三）切实有效的新做法

并非所有的无障碍设施建设都纯粹依赖于高科技，从实际出发，细致入微地考虑特殊需求人士的要求，运用现有的技术手段就能创造性地消除横亘在特殊需求人士和社会生活之间的障碍。

1. 交通无障碍设施

（1）韩国地铁简便信息提示：颜色（不同车次）、音乐（不同性质站点：如中转站）、数字（站名前标数字）。

（2）出租车、公共汽车进行无障碍改造，提供预约服务。

（3）美国嵌入式行人穿越道灯：既可以提醒驾驶员有行人正在穿越马路，又可为慢行者提供充裕的过街时间。

（4）盲道的新做法：日本采用新型盲砖，设置夜间发光二极体 LED，视弱者和轻度视障使用手杖者也可以得到引导，也对其他行人起到提示作用。

（5）无高差（缓坡）设计：通用设计用缓坡代替台阶。

2. 信息无障碍设施

（1）字幕解说、手语解说节目等信息提供。

（2）绘制城市无障碍地图、各种场所触摸式盲文地图，警报信息系统，电子监控系统随时发现并帮助求助人士。

（3）美国耳机语音提示：银行的自动取款机通过耳机向盲人做语音提示，

既方便又保密。

3. 建筑无障碍设施

无高差（缓坡）入口设计、感应移门、室内无高差移动空间、电梯低位控制键、地毯替代室内盲道、非接触式 IC 卡钥匙等。

五、国际无障碍环境建设启示与借鉴

（一）以"全方位无障碍"作为环境建设的主要方向

从无障碍环境建设的国际经验上来看，在无障碍环境建设的观念模式、服务对象、内容选择和设计理念等方面，都经历了一个由被动到主动、由特定对象到广泛对象、由单一路径到多元路径的过程。因此，"全方位无障碍"环境的建设理念，就应该成为上海的无障碍环境建设与发展的主要方向。

"全方位无障碍"环境建设的内涵概括为：无障碍物质环境和社会环境硬、软并重，实现无障碍设施在空间广度上全覆盖，无障碍理念在社会领域中全渗透；无障碍建设的法律法规健全，从源头确保无障碍环境的实施；政府部门和社会团体效能充分发挥，建立健全长效的管理机制等。"全方位无障碍"环境建设就是要消除一切有形和无形的障碍，创造人人得以平等、自尊地参与社会生活的物质与社会环境。

（二）法律、法规体系的建立、健全是无障碍环境建设的重要保障

国际发展经验证明，只有具备法律约束效能的法规、条例和技术规范，才能保障无障碍环境建设切实、有序、规范地实施。发达国家和地区高度重视无障碍立法，所涉及的内容向深度和广度发展，并且不断修订以适应社会发展所带来的变化。相关的法律、法规和技术规范能够形成一个完整的强制性和规定性的体系，具有完整的奖惩规定。同时，在司法、监督等环节能够保障法律法规的执行和实施。这些对发达国家和地区开展无障碍环境建设起到了非常有效的作用。

（三）注重政府职能与社团组织效能的双重发挥

在西方发达国家，无障碍建设的起源与进展大都源于残障人士对自己权利的抗争，经过相当长一段时期的磨合才逐步转化为政府行为。政府部门的主要职能是制定无障碍法规，实施、管理无障碍建设，社团组织反映特殊需求人士的需求，并推动和协助政府部门的工作，国际上一些国家成立的专门

无障碍部门起到了良好的沟通、协调、评估、反馈作用。作为社会主义国家的城市政府，有条件继续发挥自身在执政效能上的优势，加强政府组织与社会团体的广泛合作，强调执法管理、强化社会参与意识、引入社会监督，形成健全长效的管理机制和监督机制。

（四）交通无障碍和信息无障碍是无障碍环境建设的突出重点

2002年《琵琶湖千年行动纲要》明确提出了公共交通无障碍和信息通信无障碍，目前国际无障碍环境建设的重点也由建筑、设施、道路的局部无障碍建设向"门到门"连续顺畅的交通无障碍发展；同时，信息无障碍也备受关注，如何帮助特殊需求人士自由便捷获取有用信息成为无障碍技术研究、环境建设和立法的焦点。

（五）无障碍社会环境是平等参与社会生活的本源

社会环境是"人"以个体和群体组织形式存在并发生关系的整体环境。解决人的观念问题是营造良好无障碍社会环境的关键。发达国家和地区在无障碍环境建设过程中，利用宣传、培训、教育等多种方式，让特殊需求人士消除自卑心理，认识自身价值，掌握无障碍设施使用方法，积极参与社会生活，让社会每个成员了解无障碍环境给他人和自己带来的便利，理解尊重特殊需求人士，使服务人员掌握正确的帮助特殊需求人士的技术与方法，更好地为他们服务，使专业技术人员将无障碍观念和技术规范主动自觉地融入工作中去，从源头控制无障碍环境建设。因此，强化舆论导向，让社会各个层面的机构、团体和个人了解无障碍环境建设的意义，引导全社会积极参与，理应成为我们在无障碍环境建设过程中的关键。

（六）科技支撑力度大，注重信息技术应用

国际经验表明，无障碍环境建设当前在技术上的发展与突破主要在于充分利用当代科学技术成果，提升无障碍环境建设过程中在设施、工具、管理、产品上的技术含量。无论是交通无障碍还是信息无障碍，他们的实现都是依赖于以信息通信技术为核心的综合科技的应用。交通无障碍的重要组成部分出行路径诱导和危险防范都建立在准确有效的信息获取上，必须得到卫星定位系统、电子地图数据库及通信技术等信息技术支持。信息无障碍更是离不开信息通信技术，它本身也是交通无障碍的组成部分，互联网的无障碍化使所有的人在任何时间任何地点了解所需资讯成为可能。因此，我们在无

障碍环境建设的过程中，应鼓励开发高科技含量的无障碍设施、材料、设备和工具，积极推广应用；鼓励现代信息科技的应用；鼓励开展无障碍环境建设的理论研究、应用研究和人才培养。

第三章

交通规划的作用

第一节　城市交通规划的意义

城市交通建设是一项长期计划，城市交通对城市的空间布局和日后城市的运转有非常重要的决定性作用。许多项目一旦建设开工，就很难半途而废，因此，做出正确决策相当重要；大部分交通建设投资不能进行小规模的尝试；城市交通项目建设投资既可能成为解决问题的重要手段，也可能使问题变得更糟；不恰当的对策意味着损失时间和经济效益；最后，交通规划方案众多，但方案相互之间的比较却很困难。

在我国规划更为重要，机动车的数量迅速增加及快速城市化，城市不断增长的交通需求已经成为影响城市生活品质的严重问题，这主要是由以下几个原因造成的：

（1）城市管理水平和能力的限制。

（2）部门协调的困难。

（3）对小汽车交通的偏爱。

（4）城市内可用来进行道路建设的土地有限。

（5）城市空间布局与城市公共交通缺少衔接。

（6）多模式交通体系建设。

交通规划要求在进行基础资料收集时，就要集中精力分析需要解决的问题。这意味着必须对交通出行产生、现状和将来的城市土地利用、车辆增长的趋势、现有基础设施的运行和状况以及环境状况进行详细的调查和分析。

有关经济、社会和环境的许多因素是现行交通行为的基础，同时也影响到将来交通问题的解决。规划又应该是定量的。规划中重要的是对未来交通需求规模的估计，因为，它可以作为衡量所提出的解决问题的方案是否合适的标准。同时，规划也必须是财政上可行和经济的。交通问题与其他许多问题一样，如果资源不受约束，解决问题的途径就会不同。事实上，可以利用的资金往往十分有限，成本与收入、供应与需求等因素之间的相互作用在交通上的表现常常出人意料，必须综合考虑这些要素。

规划的重要性在于引导重要的决策，包括各级政府，如大都市地区或地方政府，或是不同的职能部门，如交通、公路、供水或土地开发部门等。规划的一个重要目的是围绕既定的目标来融合政府和个人的决定。规划是为主要的道路和公共交通设施计划提供依据和选择，为这些设施的管理和使用政策提供依据，包括财务、运行管理和公共交通的服务形式，城市道路和公路的交通管理以及相关系统（如停车）的管理；规划还包括为设施的使用收费和为建设这些设施进行的融资计划提供依据。

进一步说，交通规划也是理解出行者行为以及对未来规划有重大影响的其他行为的依据，这些行为包括：社会经济环境的变化，不同社会群体的生活活动特征、车辆拥有、出行方式、出行目的地的选择，土地发展趋势以及对将来交通有重要影响的其他现象。组织交通规划的重要任务之一就是确定需要仔细研究的问题。

而且规划还需要持续滚动。因为城市交通问题和城市的社会发展环境在将来会不断地变化，许多这种变化在目前还很难预见，因此，需要不断更新资料，对过去的结果不断进行仔细的分析，以便随时发现新问题。规划还要对机构进行改革，建立新的协调和工作机制，以适应城市的新变化，完成新的规划工作。规划过程还需要应用新的专业技术，发挥新科技的作用。

交通规划必须是综合规划，城市交通规划的成果有几个方面的内容：

（1）城市发展规划。

（2）交通战略规划。

（3）近期交通行动计划。

（4）重大交通设施的评估等。

其中城市发展规划是对公众所做的重要承诺，是后面有关交通问题的各种规划报告的基础，是交通战略规划的重要依据。城市发展规划可以在交通战略计划之前进行，也可以同时进行。而交通战略规划的制定过程实质上又是确定交通近期行动计划各阶段的重点，也是确定重大基础设施评估中评估项目的重点。

城市发展规划是建立在预期的经济活动发展水平和住区发展水平的基础

上，通过对预测数据和政策的综合分析，提出未来城市的土地利用、基础设施需求和主要设施的空间布局。规划期通常按 20 年考虑，由于交通基础设施对城市的长远影响，规划也必须对 30—50 年后的发展进行必要的判断。

规划要考虑不同的规划范围，如大都市地区或详细到各项目的选址。规划中要包括一张将在交通规划过程建设的总图。城市发展规划也应当注意实施过程，如公共部门与开发商之间的协调合作，各机构之间的协调等。

交通战略规划是整个交通规划过程中的主要内容，完整的战略规划制定要花费很多时间和资源，因此没有必要等到规划全部完成以后再付诸实施。在制定战略规划的过程中，就可以应用已经完成的部分规划内容和战略的主要思想，以后当资料完备时，再更新部分内容。

第二节　城市交通规划的发展

全世界大多数大城市（也包括许多小城市在内）目前都有自己的交通发展规划，这些规划中反映了城市的长期发展目标，并且成为指导城市有关部门年度投资计划和上级政府部门进行必要财政资助的基础。

现代城市交通规划方法起源于美国，20 世纪 40 年代中期美国城市交通的重点放在拥挤路段和桥梁的改造方面。20 世纪 50 年代以后，由于城市开发的资助，大规模城市交通规划成为城市总体规划的一项最主要的内容。这一时期的交通规划以芝加哥地区和底特律交通规划为代表，规划的目的在于通过城市交通系统的建设，满足所预测的汽车交通日益增长的需求。1963 年通过的美国公路法案使交通规划方法程式化，这时的规划重点是长期的，投资巨大的城市交通系统，特别是道路系统的建设。在 20 世纪 60 年代和 70 年代，西方国家的大城市就进行了以交通需求预测为基础的城市交通规划。这些研究的规模都很大，一般需要上百人的研究队伍花 2—3 年时间来完成。参加人员中的大部分是参与调查和数据采集，核心分析的规划人员需要 30—50 人。

到了 20 世纪 60 年代末，由于民权运动和对环境问题的关注，许多居民对大型交通设施的建设表示不满，这时交通规划由仅注重长期交通项目建设，转向投资少的近期交通系统的管理（如 TSM）。这些措施包括高乘载车和公交优先、弹性工作性和错峰上班、建立机动车禁行区，除此之外要求交通规划是一个开放的规划，鼓励公众参与。同时要求规划要考虑政策因素，并对不同社会阶层所造成的影响进行分析。进入 20 世纪 90 年代，美国公布了清洁空气修正法案和"冰茶"法案，开辟了美国城市交通规划的新时代，其重点在于通过对交通项目的投资达到社会发展的目标，包括提高空气质量、鼓励经济发展和促进社会的公正性。交通政策的重点从提高为小汽车服务交通设施的供给能力转向多种交通运输方式的平衡发展。

另外，随着技术的进步，许多计算机和控制技术也被用于交通系统的改进，如道路交通信息系统可以指引人们选择最佳路径，而自动导向驾驶系统将大大提高道路的通行能力。这些都必将对城市交通规划产生一定影响。同时随着性能价格比高的计算机系统的发展，交通规划软件技术的提高将大大缩短城市交通规划的工作周期，提高规划决策的科学性，综合规划预测技术和地理信息系统的交通规划软件包为城市交通的滚动规划、鼓励公众的参与提供了极大的方便。

我国的城市交通规划起步晚。过去，我国城市中的交通规划主要是进行一些定性分析，或者仅做一些局部的定量估算，以此作为道路、交通设施建设的依据，而不是根据城市土地使用性、交通方式的变化和经济发展进行预测，因而有很大的片面性。这也是造成我国许多城市路网布局不当、结构失调的一个重要原因。

20 世纪 80 年代我国才开始进行较大规模的城市交通规划工作。1985 年的深圳交通规划是我国较早利用现代交通规划方法进行的，天津、北京、上海和广州等从 20 世纪 80 年代就开展了城市交通规划的研究工作，这些规划为指导城市建设起到了积极的作用，1995 年我国发布了城市道路交通规划设计规范国家标准，适合我们城市特色的交通规划方法仍在摸索之中。在城市总体规划的编制中，也要求同步开展城市交通规划工作。

一些大城市在规划过程中常常会建立起一个永久性的机构，这些机构负责定期更新这些研究成果，并根据政府对计划的变化要求来对规划进行细化和修改。一些城市的交通规划会有如下的要素需要考虑：

（1）保留现有的交通设施，并使其更有效地运行，是一个比较经济的满足交通需求的方法。

（2）交通规划要和政府的发展规划、环境规划和社会发展规划保持一致。

（3）缓解交通拥挤和预防交通拥挤发生。

（4）交通规划要和土地利用规划保持一致，关注交通行动对土地利用的影响。

（5）要求对交通基础设施的建设进行项目计划的优先级排序。

（6）注意大都市地区综合交通项目对经济发展的拉动作用。

（7）注意项目对重要的交通换乘节点（如机场和港口）和有价值的地区的影响。

（8）考虑大城市地区道路和外部公路的连接的需要。

（9）考虑由于交通管理措施实施对交通需求变化的影响。

（10）预留将来建设项目所需要的用地条件，包括确定尚未使用而将来可能需要的交通走廊用地，以及采取措施来防止未来交通走廊用地被破坏和占用。

（11）采取措施强化和改善城市货物运输的效率。

（12）在设计桥梁、隧道和人行道时，使用设施寿命周期法进行分析。

（13）分析交通运输决策对整个社会、经济、能源和环境的影响。

（14）采取措施扩大和强化公共交通服务，增加公共交通服务的使用。

（15）增加资金投入，以增强城市公共交通系统的安全。

规划经验中得到的教训是：在规划过程中必须对城市未来的发展有一个明确的愿景，规划应该适应未来城市社会经济发展的需求，注重不同社会群体的特点，对交通规划需要仔细监督和审核，需要多部门和多专业的协同，以及开发使用新的规划方法与手段。在有些国家，上级相关政府机构和主要的交通规划和工程设计专业组织机构会定期开展交流，并通过规划的导则和技术协助等多种形式给予地方规划机构大量指导，以避免规划中出现错误的重复，也有利于项目成果的可比较性，下面一些问题也是规划中考虑的重要内容：

（1）特殊交通要求研究：研究由于收入水平、居住地点、身体条件或所获得的交通方式而造成特殊交通出行困难人群的交通移动问题。

（2）城市交通建筑与交通的联合开发：设计交通设施与它们附近的土地利用之间的关系。

（3）邻里关系和交通：考虑由于交通项目使部分社区丧失或社区被割断所带来的邻里关系问题。

（4）技术发展规划：考虑应用目前尚未在大都市区采用的各种交通技术的可能性。

（5）搬迁和重新安置：考虑由于城市建设而需要搬迁的人们重新安置后在新的居住地区交通的需要。

第三节　城市调查和发展目标

城市规划过程流程图总结了提供交通决策的规划报告产生的一般方法，每个步骤还可以用更详细、考虑更全面的方法。

在我国城市和经济飞速发展的情况下，应该特别强调交通规划基础数据完整的重要性。因为对将来的预测比较困难，所以，就要着重观察发展的趋势。新城建设和旧城改造会对住房开发的规模、分布和密度带来多大的影响呢？这个问题答案很重要，因为，这将直接影响交通出行产生源的分布。小汽车的拥有和使用者是什么人？他们居住在哪里？以及城市再扩展将会如何影响居民的工作出行距离？是否要在城市内建设大型停车场或轨道交通？城市是否会出现大规模的郊区化或分散化？只有对拥有的资料进行仔细的分析，才可能尽早对上述问题做出回答。当然，规划不能完全依靠预测，但了解未来发展的趋势对于决策来说相当重要。

资料是交通规划的关键，规划只有在具备了规划过程中要求的资料和明智的估计后才能开始，但有时可能要求在资料还没有完全齐备的情况下就要开始。一般的规划过程所需的资料如下：

经济和人口背景资料。这些数据由其他部门提供而非在交通规划过程中收集。这些资料的格式很重要，应能在交通规划中应用，但有时可能会发现，这部分数据在交通规划中并不好用，因为数据收集频度以及数据统计的区域不完全适合交通规划的要求。所以，要与有关职能部门协调改变数据收集的方法，或者是交通规划适应这些数据的统计口径或进行资料补充收集。这些数据包括就业岗位数量和形式的变化，居住人口的增加或减少，个人收入的变化，有关国家统计指标和部门的经济指标，以及地方政府的收入变化趋势等。

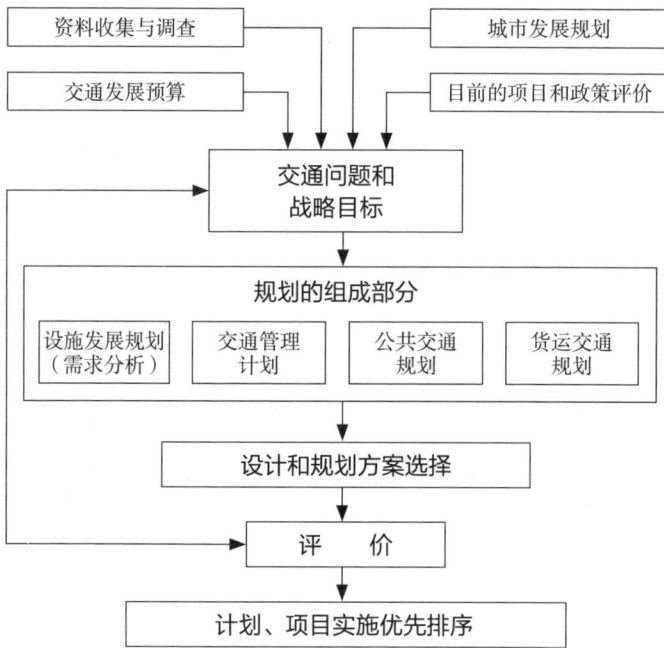

图 3-3-1 城市交通规划过程流程图

交通运输设施资料及调查。包括道路和交通基础设施的调查（包括设施的容量和物理状况），也包括公共交通设施和车辆情况、停车场及其管理。同时，还要分析交通管理的情况，如采取了哪些措施，以及这些措施对交通拥挤和经济的影响等，机动车辆注册管理的调查也要包括在内。

交通条件。这类资料包括车速和交通延误的研究（分析交通拥挤的程度）、道路交通流量调查、交通运输成本，交通运输成本包括直接支出的费用、收费和票价、成本构成等的分析。

土地利用资料。交通规划中有必要对土地利用的状况进行调查，这是交通需求估计的基础，也是了解城市发展过程的基础。在缺少合适的人口统计数据时，土地利用调查或手机的数据可用来估计人口的分布。

环境条件。应该定期调查由于机动车数量不断增加带来的空气污染。同时应当掌握关于水域条件和有价值的土地利用的资料（例如：历史景点、有价值的自然资源和高产量农田等），有了这些资料，就可以考察新的项目和政策对环境的影响。

一、交通发展预算

预算的真实性是很重要的。全世界所有的城市政府都有这样一种倾向：当他们面对交通需求的增长超过设施容量时，制订的交通发展计划往往会超过其财政承受能力。重要的不是这件事本身，而是人们把希望寄托在不切实际的大型项目上，忽略了利用比较合适的成本进行交通改善的可能性。例如：有许多城市过于乐观地把改善公共交通寄希望于地铁，而城市又无力承担地铁建设的费用，但却听任现有的公共交通系统运行条件恶化。因为，他们相信地铁建设将一劳永逸地改善交通状况。对于多数城市而言，如果要在机动化挑战中取得成功，就只有进行投资较少的交通需求管理。

制定交通投资预算时，要考虑城市政府各种可以用于交通投资的潜在收入，包括城市发展基金、土地拍卖收入、道路收费以及其他各种收费。显然，不可能预见将来可得到的全部资金，但对城市政府未来直接收入的分析可以为未来城市投资水平描述一个轮廓。在总的交通预算内，上级政府的外部资助所占的比例要经过协商才能确定。

在进行资金预算的估计时，还要考虑到已承诺资助的项目，例行的维修、养护和对公共交通的补贴等。另外，还要与对项目感兴趣的私人资本进行接触，考虑项目私营的可能性。在预算制定过程中，还要根据收入状况来考虑贷款的来源以及贷款资金的回收期限。

尽管资料中可能仍有部分数据是未知的，但用于分析的数据应当真实可靠。这样做的目的在于，给那些对提供新的交通运输设施的决策者们一些较为切合实际的估计。

二、城市发展规划

城市发展规划是为了有效地管理未来以改善人与物的流动为目的而进行的城市开发。如果土地开发项目制定错误，那么，很可能会造成交通设施使用上的浪费。纵观这一过程，城市发展规划的主要目标是保证有效流动。为了达到这一目标，城市发展规划应提出土地开发的总体形式，同时也应包含为其他目的而进行的土地开发计划（如：提供足够的环境容量或较小范围内的土地混合使用），但通常为这些目的进行的土地开发规模较小。

到目前为止，我国城市发展规划已经程序化，但并不是所有的城市都能认真对待制定的规划。产生这种现象的原因可能有两个：在这些城市，交通问题还不是城市的主要问题，并且，土地发展规划还只把主要精力放在保证经济成功这样一个比较微观的经济基础上。只是最近几年，由于城市人口增长、机动化增加和经济上对外开放等原因，造成城市交通堵塞、工作出行距离增加、城市近郊地区的大规模城市化和市中心的改建等，这些问题的出现又促使城市比以前任何时候都需要考虑较大规模的城市发展规划来指导城市建设。城市发展规划的目标是引导城市结构的发展方向，使其可以为城市居民流动要求提供良好的交通服务。同时，规划中还要特别注意，在城市分散化的强大压力下，保证新开发地区的公共交通服务水平。

1. 现有项目和政策评价

过去的决策已经为城市交通的改善提供了一个途径，这些决策中有些可能是无法改变的，但另一部分决策可以在目前情况下重新评价其作用后，提出新的替代方案。

对于目前尚未开工建设但已做了资金安排的项目，在现有资料的基础上，我们应研究这些项目是否能够最有效地改善城市交通现状，是否可以很好地与交通系统现状联系，是否应该作为交通系统改善最优先的因素等。在评估中最重要的是，项目清单上所列举的项目，对于目前的城市预算来说，是否切实可行。

车辆拥有管理和交通管理方式在评价中较容易变化，应考虑已有的决策是否对目前的交通系统产生了积极的影响，是否改善了城市交通。如果这些政策是有效的，那么，实施的代价是什么？

评估的最后一项内容是对交通系统中的各个组成部分的使用收费价格进行评价。公共交通、停车、车辆使用和拥有以及道路使用在一定程度上都是需要支付费用的。在很多情况下，影响城市交通各方面价格的因素各不相关，因此各方面价格对交通行为的影响程度不同，价格所反映的其承担成本的程度也会有很大差异。对现行政策和实践的初步结论可以作为交通规划过程中制定研究目标的基础。

2. 交通问题和战略目标

下面介绍的交通需求预测方法是确定交通需求发生的地点和大小的重要手段。一般地说，交通需求预测既不能发现那些还未被有经验的交通系统分析人员发现的问题，又不能提出解决问题的方法，也不能清楚地说明交通规划的目标是什么。

而交通问题和交通战略两者在分析过程开始之前就应该仔细地讨论和确定。这样做是为了调整研究的方法来阐明这些问题和目标，从而避免成为将来交通规划中的问题。例如：如果想采用轨道交通，那么，在交通方式划分模式中就应当考虑其交通需求。如果是考虑城市中心某一区域的更新改造规划就应当在交通分析中将这些区域隔离出来，划分比较合理的交通小区进行数据采集。

确定交通规划的目标看起来似乎很简单，总的目标可以简单描述为改善城市流动条件。但是不可能对城市内所有地区、各种交通方式、所有居民以及各种目的出行的交通都能改善达到同一水平。交通规划人员必须选择好交通改善的受益对象，所以，研究交通改善的根本目标是十分重要的，下面一些都是经常要考虑的目标：

（1）通过改善与经济发展直接相关的交通出行来提高城市的经济产出。

（2）使最有效率的交通方式获得最大的出行机会（这就是说，在有限的公共投资前提下，最大限度地满足出行的需求，或者在给定的出行总量目标下，使公共和私人成本最小）。

（3）在充分保护有价值的土地（如历史遗迹）、解决居民搬迁和财政允许的前提下，尽可能快地建设城市交通设施。

（4）通过提供具有配套服务的用地来满足不断增长的住房要求。而通过交通投资来提高可达性又是增加居住用地的重要一步。

（5）保证新开发的地区都能获得有效的公共交通服务。因为中国城市人口比较密集，这方面似乎不用特别提醒。事实上，当城市周边地区发展起来时，如果不采用特殊方式或不给予特别路权，就可能使周边地区与城市中心区的公共交通联系恶化。

（6）重新评价小范围的城市土地利用规划，尽可能使用地功能混合，以缩短城市出行的距离。

（7）尽管交通行业中实行私营化的前景，尽可能让私人部门参与经营交通设施和交通服务。

（8）对交通设施和服务实行商业化，并尽可能使其价格接近全部成本。

（9）重新确定城市各种交通方式（汽车、货车、摩托、自行车、公共汽车）的交通结构，充分发挥各种交通方式之间联合运输的潜力。

（10）通过实施车辆拥有管理、交通管理和基础设施建设等措施，把城市道路上的交通拥挤控制在一定的范围内。目标应当是至少满足各种交通方式合理的最低运行速度。

（11）不同社会群体的社会参与和发展共享可能存在许多可供选择的目标，这些目标之间并非相互排斥。重要的是选择目标和确定目标的优先顺序，以指导下一步的规划过程，确保在以后各工作阶段反映这些目标，并形成综合的规划成果。

第四节　城市交通规划的内容

城市交通成果包括：

（1）主要交通设施发展规划。

（2）未来公共交通系统的装备和设施需求估计。

（3）关于交通管理和运价的基本政策。

（4）项目融资的基本政策。

（5）对规划管理、财务管理和运营管理机构运行进行协调的计划。

（6）交通规划的专业培训计划。

交通行动计划是对战略规划的实施划分阶段和进行细化，用于实施的部分要详细到可以进行设计的程度，特别要注意财务计划，并按照战略规划中的政策来制订更详细的需求管理计划。

主要基础设施评估是对项目进行的最细致研究之一。根据完成的设计，从系统和经济两方面进行综合分析。在系统方面，考虑对交通流、停车需求、公共交通服务的满足等因素的影响，也要考虑对土地和水体生态学、大气污染等方面的影响和残疾人士交通出行的方便。同时在评估中还要考虑替代项目和项目的重新选址。在经济方面，要考虑评估的项目对外部的影响，项目评估可以通过积极寻找项目与周围环境更好结合的机会来优化规划的过程，例如通过联合设计。因此，项目的评估过程就是一个对项目进行重新设计以改善项目与周围环境的协调关系的过程。交通规划的内容包括以下一些方面：

一、交通设施发展规划

这一阶段规划的主要内容是预测未来各种交通方式的交通需求和预测分配到规划的交通网络上的交通需求，以便规划道路和客运交通设施。所以，在这一阶段需要准备各种交通方式网络以及进行居民个人出行调查，调查内容包括出行起讫点、出行方式和出行时间，以及有助于解决对未来预测的相关信息。然后，应用专门的计算分析方法对上述资料进行分析，估计未来城市交通需求。

交通需求预测准确与否还与对未来机动车辆拥有水平、车辆使用以及对未来土地开发的区位的预测有关。尽管交通需求预测相当重要，但应允分估计需求预测结果的误差。因为很难预测未来城市土地发展的格局（即使在有很好的规划情况下也是如此），以及难以完全知晓未来实施的交通需求管理措施的形式及其影响（如单双号货车行驶限制），而这些措施目前在我国城市中正在实施，将来也许会更加普遍。将来的交通需求在很大程度上取决于采取怎样的需求管理措施，但是固有的交通需求（Intrinsic Demand for Transport）并不取决于减少供给的管理措施，也不是我们的措施所能控制的。

交通需求预测的手段可以从国外有先进经验的机构引进，但重要的是要对这些方法进行改造，使之适用于当地城市交通的实际情况。例如：出行产生的模型就应当按照研究城市的实际情况进行特殊修正，这种修正可以先以某些城市作为原型进行，而不必对每个城市都单独进行修正。对城市各种交通方式之间的弹性系数研究也同样重要，它表示在各种交通方式之间乘客从一种交通方式转移到另一种交通方式的成本和方便程度，这个系数是不能从国外引进的。

重要的是选择合理的交通需求分析模型，使对未来各种可能假设的分析更简便。其中这些假设包括不同的土地利用布局、不同的车辆使用水平以及不同的公共交通费用水平等。因为对于城市未来发展有许多未知的因素，所以相对来讲，弹性的交通需求预测模型比选择在特定的条件下可以达到精确结果的模型更为重要，因为假设总是不可靠的。

许多学者都把交通需求预测作为城市交通规划中心内容，其实规划的其他三个流程也同样重要，而且通常不完全依赖于交通需求预测。这是因为这三个流程主要考虑短期内的交通行动，而交通需求预测只用于长期的和高投资额的项目。

二、交通管理规划

交通管理是一系列控制道路上车辆数量和道路通行能力的技术手段，最近几年，这些技术中的大部分已在我国城市得到应用。现在的工作是研究这些技术手段的应用是否达到了预期的目的。在快速机动化的过程中，交通管理是公共政策的主要手段，它可以用来缓解日益增加的交通拥挤。

交通管理规划需要调查过境交通的数量和进行车速—延误的研究，调查当地的条件，评价交通执法和驾驶员管理，以及车辆故障和事故调查（半数左右的交通拥挤由此引起），研究这一因素的同时还需要对机动车、自行车和助动车之间的交通隔离问题进行研究。

交通管理技术包含了世界上许多地方还在不断实验的方法。规划工作者必须审查它们，选择有潜力的技术，然后考察它们在城市和交通走廊上应用的可能性。有时，通过试点项目进行尝试是必要的。规划过程中提出的新的道路项目建议应当纳入交通管理规划中。在这方面可以提出的建议是，通过采取各种交通管理措施使交通走廊能够更灵活地适应不同的交通需求。交通管理规划的最终结果是一套协调一致的交通行动，大部分行动是短期实施的。这部分工作的完成时间可以比在实验性的交通需求分析和预测工作的完成时间要早得多。

三、公共交通规划

这一流程的技术内容是改善和扩充公共交通系统，帮助实现公共交通体制和财务条件的改善。

这方面的研究需要进行乘客调查、线路和行车作业计划调查，需要研究首末站存车的问题、票价问题、系统管理效率、系统的财务状况和设备更新的途径等，还应进行公共汽车交通量调查，以便把这一流程与交通管理规划结合起来。

公共交通规划的目标是使公共交通系统的线路与行车作业计划合理化，提高公共交通出行的比例，改善公共交通的行政管理和财务状况。

四、规划方案设计

在前几个阶段中，我们已经评价了待决策的政策和项目，考虑了交通部门可能的预算，掌握了土地利用规划，确定了在今后几年中交通行动的目标，并且预测了未来几年内交通需求的变化情况，也完成了道路、交通管理、公共交通和货运交通规划的4个流程。那么，下一步就是将上述各阶段工作中得出的行动建议集合成一个内部高度一致的规划。

首先是考虑从上述战略目标的结论中得到的各种战略选择所包含的现实意义。合适的方法是提出一套与各个已确定的不同的战略目标相一致的政策和项目，例如提出最大程度地推动经济发展目标的政策和项目：对货车和工程车辆的最佳管理（即使有时候会影响居民出行）和新产业投资的最佳选址。

第二项政策应当是发挥交通在最大程度为城市人口创造新的住房条件方面的作用，这可能引起城市分散化，从而使居住用地大量增加，住房成本迅速下降。

第三项政策可能就是强调为交通出行创造最大的机会。重点发展大运量交通工具，以及成功地解决道路上自行车和其他车辆多种交通方式共用的问题。

最后，提出一个体现每个战略目标的综合战略以及相关的政策和项目，就形成了规划方案。

在制定项目和政策的过程中，重要的是要时刻体现战略目标，牢记预算的限制，以及在制定未来几年各种选择方案时，要根据需求预测水平来考虑。从上述认识可以得到一个重要推论是政策与基本建设项目之间存在着差异。不能否认基础设施的重要性，但基础设施的建设是有限制的。例如轨道交通很明显只能限于少数大城市；为了提高城市公共交通的吸引力，中运量公交系统的建设也要及早考虑，大多数中运量系统都是建在地面上的，无障碍的问题必须纳入一同考虑。最终，由于财政资源和城市结构的限制，城市不可能容纳大量新的机动车辆，而只得采用交通管理政策。这种措施减少了城市机动车交通，有利于行动不便者出行环境的改善。

这些战略的各个组成部分需要由不同时期的实施方案体现。在比较平稳的经济环境中，综合交通规划的规划期是20—25年。然后，还需要时间更短的详细规划，如5年规划。最后，地方政府还要制订一个用于每年实施的行动计划作为规划的年度计划。

五、评价

规划的评价阶段非常重要，因为有时候迫于规划程序的压力可能会把这个阶段从规划中去掉。例如：有些支持对轨道交通建设的社团也许会要求对线路的走向进行修改，而这样做往往会使提高交通效益和减少预算的初衷无法实现。

规划评价的一个层次是由所有的项目参与者和不同社会群体进行详细的审查，在这个阶段残疾人士的介入非常重要。我们不能期望他们同意规划所提出的方案中全部的内容，但是，这为城市政府的领导提供了一个机会来确认原来规划每个部分所提出的目标确实在方案中得到反映，并且相互之间没有矛盾，整个规划可行。

同样，技术评价也很重要，它是规划过程的重点，技术细节和精度是最重要的。在评价中需要很好地预计项目的技术需求和运行收入、详细的成本、对周围交通的影响、对环境的影响、选址错误的影响以及影响设施物理运行和财务可行性的所有其他因素。在评价的过程中，应该预料到，为了减少项目的负面影响和获得其正面影响所带来的好处，也许要对项目进行重新设计。

六、项目计划的优先级排序

项目和政策的实施计划是规划过程中的重要组成部分。在准备实施的规划方案中，要考虑以下因素对各个单项的行动进行选择和优先级排序：

（1）毫无疑问，存在着许多比可能付诸实施的方案更可行、更有吸引力的方案。对这些方案经过审查和设计，进一步考虑其实施的可行性，这又导致对方案的进一步审核。在实践中，利用这种做法产生过许多项目，但实施起来太慢了。所以，我们需要选择其中最重要的项目进行优先级排序。

（2）对各个项目的时间计划要以该部门所能得到的有效收入为基础。

（3）制订计划的人必须同时注意到需求的增长，以便补充新的道路建设项目，当然要有政策来保证这些项目确实有效，这样就不至于在过量的需求面前不知所措。

（4）制订计划应该充分利用所有城市交通部门已经形成的设施能力，而不使某些设施负担过重，另一些却被闲置。

（5）避免因许多项目在同一地点选址或对同一交通流的叠加影响而造成项目建设上的冲突。

总之，项目计划的优先级排序就是给出项目实施的时间顺序。项目实施的时间顺序在高速的机动化进程中是交通政策的根本问题。但仅机动化水平一项指标并不是这个问题的特别重要的衡量标准。毕竟，城市交通问题具有多重关联性的特点。但目前许多城市已经开始出现了严重的交通拥挤。所以，机动车辆的增长、限制车辆使用政策的强度、城市结构调整和基础设施容量增加之间在时间上的关系才是项目计划的优先级排序问题的根本所在。

第四章

残疾类型和出行特征

第一节　残疾人基本情况

　　以所有社会成员为服务对象，是无障碍环境建设的先进理念；尽可能满足残疾人和老年人的出行需求，则是现阶段公共交通无障碍环境建设最需要研究的问题。

　　2007 年全国有残疾人的家庭共 7050 户，占全国家庭总户数的 17.8%。有残疾人的家庭的总人数占全国总人数的 19.98%。全国残疾人口中，城镇残疾人口为 2071 万人，占 24.96%，农村残疾人口为 6225 万人，占 75.04%，他们的年龄分布如图。

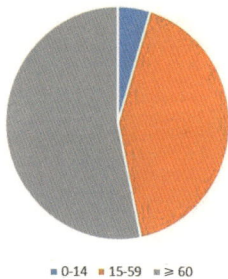

图 4-1-1　残疾人的年龄分布图（2007）

　　据推算 2010 年末我国残疾人总人数 8502 万人。各类残疾人的人数分别为：视力残疾 1263 万人；听力残疾 2054 万人；言语残疾 130 万人；肢体残疾 2472 万人；智力残疾 568 万人；精神残疾 629 万人；多重残疾 1386 万人。其中重度残疾 2518 万人；中度和轻度残疾 5984 万人。其中智力残疾的人数大大减少，精神残疾和肢体残疾的增长率最大。特别是肢体残疾的人数增长最快，占全国新增残疾人总数的 51%。

表 4-1-1　全国残疾人状况统计

	1987 年	2010 年	增长 %
全国各类残疾人总数	5164	8502	64.6%
听力言语残疾	1770	2054	16.0%
智力残疾	1017	568	−44.1%
肢体残疾	755	2472	227.4%
视力残疾	755	1263	67.3%
精神残疾	194	629	224.2%
多重残疾	673	1386	105.9%

　　以上海为例，上海市第二次残疾人抽样调查结果显示，全市残疾人总数共94.2万人，占全市常住总人口的比例为5.29%，低于全国6.34%的平均水平。其中：男性占47.24%，女性占52.76%；从年龄结构看，全市残疾人中，年龄在60岁及以上的占63.71%，年龄在60岁以下的占36.29%，即残疾人中超过半数为老年人。从定性残疾类型看，视力残疾人占16.8%（约15.8万人），肢体残疾占28.9%（约27.2万人），在各区县都是人数排名前三位的残疾类型。

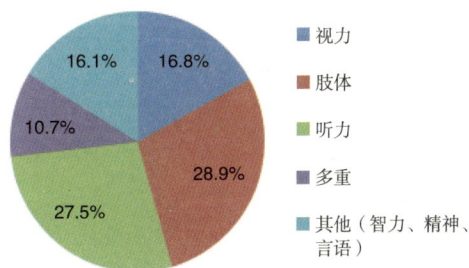

图 4-1-2
上海市定性残疾人类型及其所占比重

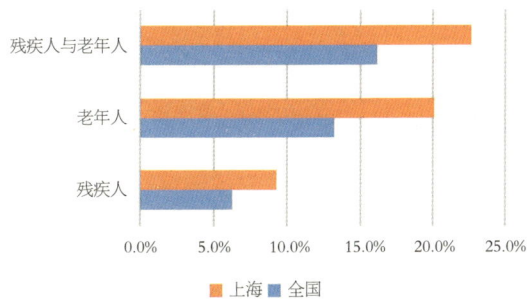

图 4-1-3
上海市残疾人口及老年人口

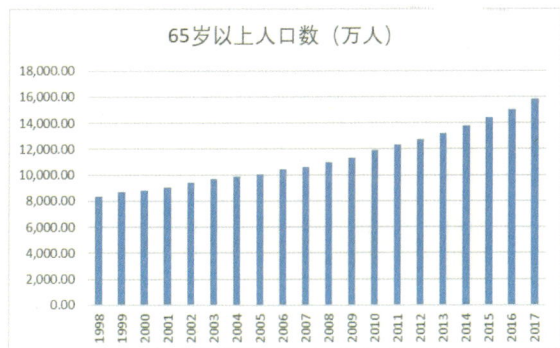

图 4-1-4
1998—2017年上海65岁以上老年人增长情况

肢体残疾人和视力残疾人在日常出行中遇到的困难和障碍最大，他们是最需要完善的公共交通无障碍环境的人群。

从统计数据可以看出，从1998年到2017年我国65岁以上老龄人口的数量从1998年的8359万增加到2017年的1.58亿，增加近一倍。我国一些大城市老龄化更加显著。2007年上海的残疾人口与老年人口占总人口的比重（22.6%）均高于全国平均水平（分别为16.2%、13.3%）。2008年底，上海市户籍60岁及以上老年人占总人口的比例上升到21.6%。 2017年60岁以上户籍老人的比例为33%，65岁以上的户籍老人比例达到21.7%。随着我国老龄化程度的加剧，人民群众对公共交通无障碍环境的刚性需求将不断扩大。

第二节　老龄化——独生子女政策的影响

在上海，2009年上海市户籍人口中60岁以上人口比例已达22.5%，80岁以上高龄老人占老年人口的比例达17.9%。上海是全国最早实行计划生育政策的城市，独生子女家庭比例较高。2009年，全市独生子女家庭约有305万户，占全市家庭户总数的比例为60.2%；有610万名左右的独生子女父母，占户籍人口的比例为43.9%。新进入老年阶段的人口中80%以上为独生子女父母，独生子女老年父母将成为上海人口老龄化社会的主体，独生子女家庭的养老功能日益弱化，独生子女父母的养老问题更加突出。目前城市的老龄化程度超过世界人口老龄化最高的国家水平。老龄化加剧速度快，独生子女养老负担重，在此背景下，无障碍环境建设是经济发展和社会稳定的重要保障，是居民在生活中迫切的刚性需求。

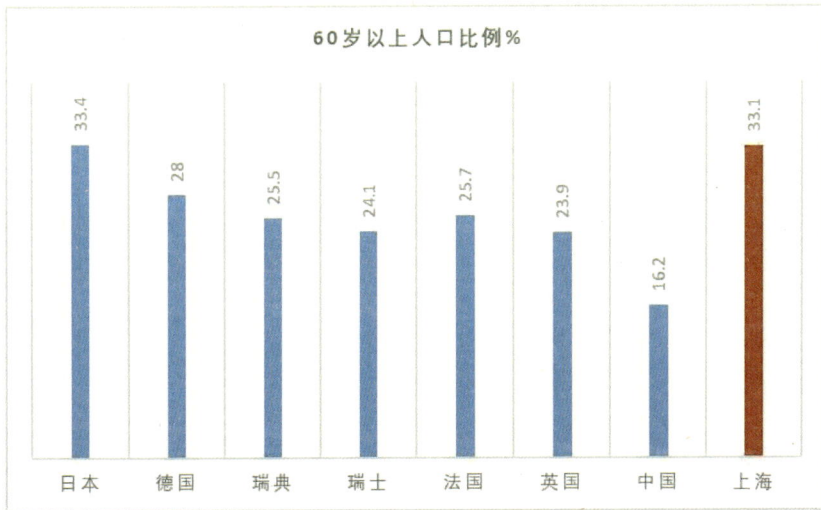

图 4-2-1　2017 年部分国家和上海 60 岁以上人口占总人口比例（%）

第三节　残疾人和老年人出行的基本特征和要求

我们课题组 2009 年夏天进行的肢体残疾人和视力残疾人的问卷调查，受访者主要为中老年人，以下总结出一些残疾人、老年人的出行基本特征。

一、肢体残疾人

约 65% 的样本属于三级、四级肢残，基本具有借助辅助设备后独立实现日常生活活动的能力，与全市统计结果接近。约 30% 的样本属于二级肢残，借助辅助设备后，其中 60% 左右的样本能够独立出行。一级肢残样本量最小，但属于情况最严重者，日常生活完全不能独立活动，存在对陪护服务或个性化出行服务的刚性需求。

（一）出行陪护情况

即使是基本具备独立生活活动能力的三级、四级肢残受访者，也仅有少

通勤方式选择人次

- 独立行走 10,8%
- 使用拐杖 13,11%
- 普通轮椅 3,2%
- 三轮残疾车 51,42%
- 自行车（包括助动车）26,22%
- 电动轮椅 9,7%
- 私家车 1,1%
- 公交汽车 1,1%
- 轨道交通 4,3% 2,2% 1,1%

购物出行方式选择人次

- 独立行走 15,8%
- 使用拐杖 12,6%
- 普通轮椅 10,5%
- 三轮机动残疾车 107,56%
- 自行车（助动车）26,14%
- 电动轮椅 5,3%
- 私家车 9,5% 2,1%
- 公交汽车 3,1%
- 普通出租车 2,1%

- 独立行走 12%
- 使用拐杖 1%
- 普通轮椅 1%
- 三轮机动残疾车 58%
- 自行车（助动车）6%
- 电动轮椅 7%
- 私家车 7%
- 公交汽车 5%
- 普通出租车 3%

文化娱乐活动出行方式选择人次

- 独立行走 6%
- 使用拐杖 8%
- 普通轮椅 4%
- 三轮机动残疾车 59%
- 自行车（助动车）4%
- 电动轮椅 8%
- 私家车 8%
- 公交汽车 1%
- 普通出租车 1% 1%

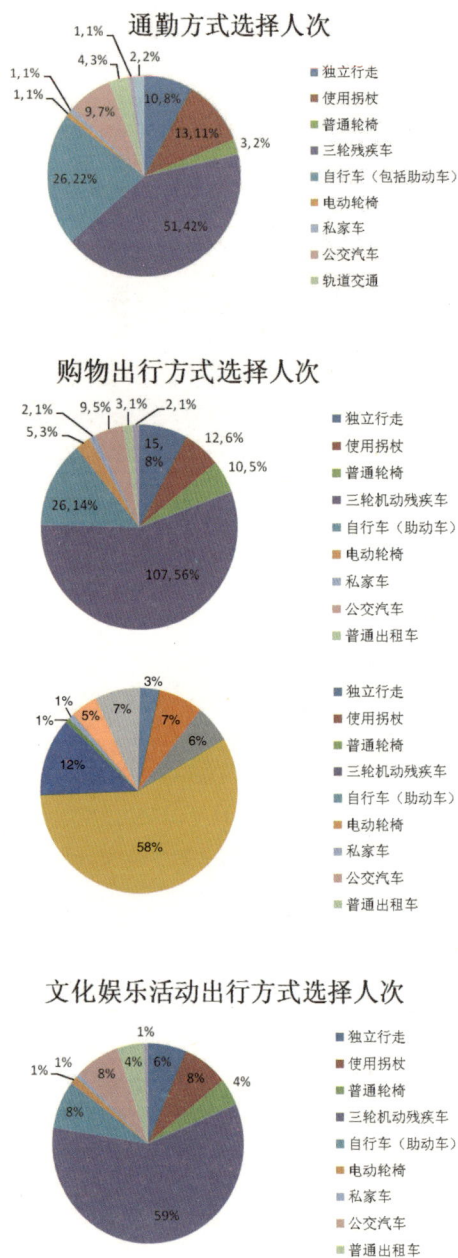

图 4-3-1
受访肢体残疾人不同出行目的的交通方式选择

于 1/3 的样本主观上倾向于独立出行。超过半数的一级、二级肢残受访者希望出行中有人陪护。

（二）出行频率

出行频率与全市总体水平相近，就医频率较高。值得一提的是，就医出行频率选项的 61 个样本平均值达 1.79 次／月，即平均每半个月就有就医需求，根据日常经验判断，这一频率高于健全人。这就说明，衔接医疗机构的交通无障碍设施比其他地段的交通无障碍设施需要得到更大程度的保障。

（三）交通方式选择

偏好使用残疾车和非机动车的个体出行，其中三轮残疾车使用率最高。三轮残疾车是肢体残疾人出行最常使用的辅助设备。三轮残疾车可由肢体残疾人自行驾驶，具有门对门服务的灵活性，并且可享受政府的燃油补贴等福利措施。尤其在非通勤出行交通方式选择时，其使用率是第二位交通方式"自行车／助动车"的两倍以上。

在就医出行中，出租车的比例有明显增高。

在权衡选用交通方式时，"体力可承受""交通工具舒适度"与"费用低"最重要。重要度第一位的交通方式选择影响因素样本中，"体力可以承受"的样本量显著大于其他因素。

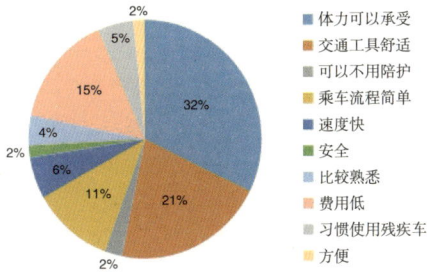

图 4-3-2
受访肢体残疾人在选择交通工具时最优先考虑因素

（四）非通勤出行目的统计

购物与休憩是主要出行目的，商业场所残疾车停车位缺乏，限制肢体残疾人出行自由。大型超市和公园、广场是受访者最常去的非通勤目的地。其次是小型服务业、文化机构和医院。

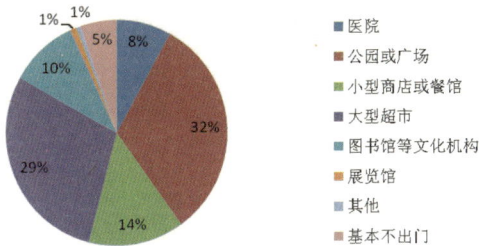

图 4-3-3
受访肢体残疾人常去的公共场所

一、视力残疾人

低视力者居多。其中，三级、四级视障，即低视力者的样本比例超过2/3，其余为一级、二级盲人。盲人受访者需要盲杖辅助出行，低视力对盲杖依赖度较低。盲杖的使用率低于40%，且其中近一半的样本是视具体情况再使用。语音导盲设施被认为是最有效的措施。尽管上海市盲道建设长度处于全国领先水平，但是在调查中却发现，推广度并不高的语音向导反而被认为是最有效的导盲设施。盲道、盲文地图与标示，以及垂直升降梯的认可度均无较大差别。

（一）出行陪护情况

主观独立性不强。大部分受访者具备独立出行的能力，与视力情况正相关。但主动"希望独立出行"的样本量显著低于"希望陪护"与"无所谓"的样本量。

（二）出行频率

出行频率与全市总体水平相近，就医频率较高。视力残疾人的出行频率特征与肢体残疾人无较大差异，就医频率相对稍低。

（三）交通方式选择

交通方式以步行和常规公交为主。统计结果显示，不同出行目的的出行方式选择时，受访者均偏好"完全步行"和"常规公交"。轨道交通的使用率最低。就医时使用出租车相对较多。

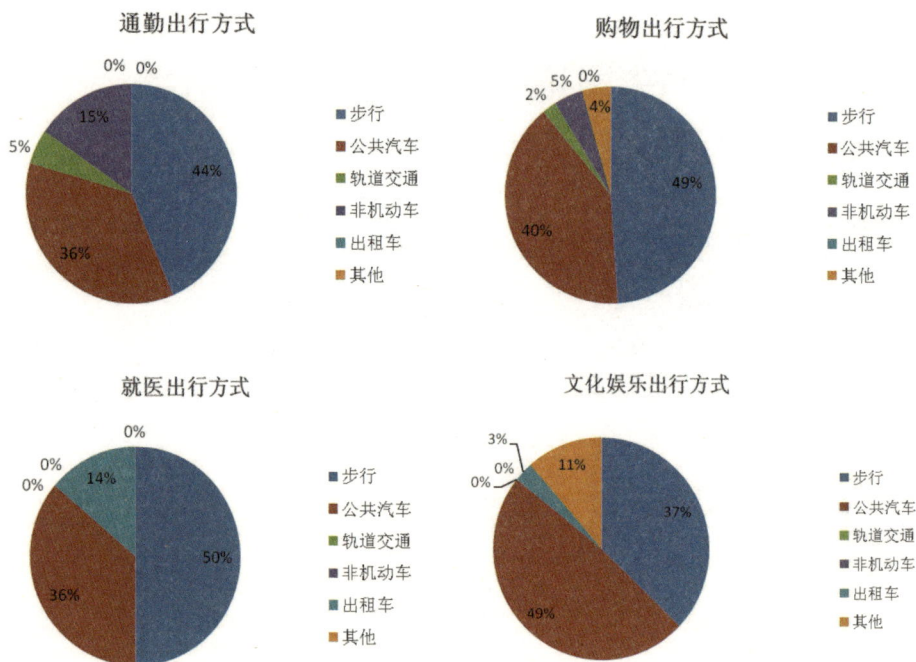

图 4-3-4　受访视力残疾人不同出行目的的交通方式选择

（四）非通勤出行目的统计

购物、就医和休憩是主要出行目的。选择大型超市的样本量显著大于其他选项，以文化娱乐为目的的出行较少。

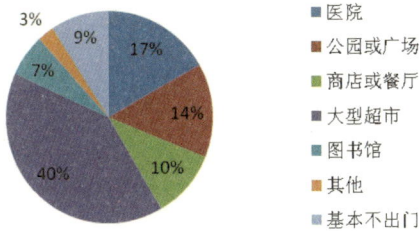

图 4-3-5
受访视力残疾人
常去的公共场所

第四节　残疾人和老年人交通出行的分类要求

不同情况的残疾人和老年人的出行特征和要求不同，有必要针对不同人群的特定需要对症下药，建设完善、高效的公共交通无障碍环境。因此，根据残疾人访谈、问卷调查以及多种渠道的信息，在残疾类型统计分类的基础上，根据独立出行的困难程度大小和特点，将无障碍设施的使用者分为肢体移动困难、获取信息困难、肢体移动不便三大类人群。

表 4-4-1　服务对象分类一览表

大类型	对象人群特征	主要人群	出行情况	对公共交通环境的理想需求	理想的公共交通工具
肢体移动困难人群	完全依赖轮椅而且需要他人协助改变肢体位置	四肢瘫、高位截瘫、神经肌病、高龄病残老人、暂时受伤或患病严重者	移动中身体不能离开轮椅	必须配备升降机或坡道	轮椅无障碍出租车
	下肢丧失行走能力、出行需借助轮椅，但可活动上肢以实现小范围身体移动	下肢丧失行走能力者	出行必须携带轮椅，完成短暂移动时可以离开轮椅	需配备升降机或坡道	轮椅无障碍出租车，轨道交通

续表

大类型	对象人群特征	主要人群	出行情况	对公共交通环境的理想需求	理想的公共交通工具
获取信息困难人群	失明或视物存在一定的困难	视力残疾人，无法正常转动头部，视域范围有限的人	需要通过听觉、触觉来获得信息，移动需要明确的方向指引	文字信息大小、位置适当，添加必要的语音、盲文信息	配备相应无障碍设施及服务的公交车、轨道交通、出租车
肢体移动不便人群	依赖拐杖或步行器行走的人群	老年人、轻度肢体残疾人、病人	在室外行走时需要依靠拐杖或步行器等简单器具的辅助	地面防滑，有专用席位	配备相应无障碍设施及服务的公交车、轨道交通、出租车
	独立行走速度较慢的人群	老年人、轻度肢体残疾人、病人	行走时可以不需要拐杖，但是速度较慢，通常需要环境中有扶手来临时保持身体平衡	地面防滑，有专用席位，有扶手	配备相应无障碍设施及服务的公交车、轨道交通、出租车
	其他残疾人	轻度肢体残疾人、听语残疾人、智力残疾人	具有独立移动的能力	需要信息、人工服务等软件环境的支持	配备相应无障碍设施及服务的公交车、轨道交通、出租车

一、肢体移动困难人群

类型1——完全依赖轮椅而且需要他人协助改变肢体位置的人群

这类人群是出行最困难的人群，几乎没有独立出行的能力。通常包括四肢瘫患者、高位截瘫者、神经肌病患者、高龄病残老人以及一些暂时性的严重受伤或患病者。这类人群在身体移动过程中，不能离开轮椅。而且在没有他人帮助的情况下，他们无法改变自己的体位，无法使用交通工具。其中部分人群，对其做一般背、抱动作，其身体健康会受到损害。

类型2——下肢丧失行走能力、出行需借助轮椅，但可使用上肢实现小范围身体移动的人群

这类人群独立移动能力略强于类型1，尽管他们下肢丧失了行走功能，但基本可以通过上肢力量移动自己的身体，并借助轮椅完成交通出行，但完成移动身体这类动作的前提是空间移动简单、体力消耗小且时间短。这类人群的出行必须携带轮椅，只是在完成短暂移动时可以离开轮椅。离开轮椅期间，可能需要他人协助收放轮椅。

二、获取信息困难人群

类型 3——失明或视物存在一定困难的人群

视力障碍人群具体又细分为全盲、高度弱视、高度近视和色盲等不同程度，其中大部分人（除多重残疾者外）基本都可以自由移动。其中，全盲人的出行困难最大，需要借助听觉、触觉来获得信息，移动需要明确的方向感，有时需要别人的扶助。对复杂环境需要依赖别人的帮助，而且在出行安全上缺乏自我保护能力。需要公共交通环境中添加必要的语音、盲文信息。

此外，许多脊柱有疾患的人，因为无法正常转动头部，视域范围有限，无法获取展示位置较高的信息。这类人群和低视力人群都需要文字信息大小和位置适当。

三、肢体移动不便人群

类型 4——依赖拐杖或步行器行走的人群

这类人群在室外行走时需要依靠拐杖或助行器等简单器具的辅助，但可以不需要别人的协助即可独立完成大部分的肢体动作。其中部分人群在短距离的移动时，可以暂时脱离拐杖或步行器。但这部分人群的行走速度都比较缓慢。这类群体主要以老年人、轻度肢体残疾、伤病人为主。

类型 5——独立行走速度较慢的人群

这类人群行走时可以不需要拐杖，但是速度较慢，通常需要环境中有扶手来临时保持身体平衡。这类群体主要以老年人、轻度肢体残疾、伤病人为主。

类型 6——其他残疾人

这类人群包括轻度肢体残疾人、听语残疾人、智力残疾人。他们通常情况下具有独立移动的能力，对硬件环境的要求与健全人基本一致，但有时需要软件环境，如信息、人工服务的支持。

多重残疾人的身体及健康状况复杂多样，其移动特征可能兼有多种类型的情况。

以上不同出行特征的人群目前对公共交通无障碍环境需求的侧重点也不同。

类型 1：交通车辆以及乘车过程必须考虑轮椅使用的需要，有高差的地方必须配备升降装置或坡道，对轮椅无障碍出租车服务的需求量大，而且这种服务需求是刚性的，没有可以替代的公共交通服务产品。

类型 2：倾向于使用轮椅无障碍出租车，但也可通过旁人帮助移动来乘坐普通出租车，出行可以借助有无障碍设施的轨道交通，基本无法乘坐现在的常规公交车，希望公共交通工具考虑携带轮椅所需要的空间。

类型 3：基本可以使用出租车、地铁、公交车等各种交通工具出行，但对信息的获取有困难，在复杂环境下需要他人协助。

类型 4—6：可以使用出租车、地铁、公交车等各种交通工具出行，但需要帮助，乘坐公交车时需要座位或无障碍席位，无障碍硬件设施（扶手、电梯、电动扶梯）对改善这部分人群的出行能力有关键作用。

此外，相当一部分肢体残疾人依赖残疾机动车出行，需要公共场所提供停车位保障。

第五章
城市道路系统规划

第一节　城市道路系统概述

城市道路系统是由城市范围内所有道路共同组成的，是城市总体形态的基本骨架。各条道路在城市中所处的位置不同、管理要求不同，在城市中担负着各种不同的功能，彼此又要相互配合，把城市各部分，如市中心、工业区、居住区等有机地联系起来，同时，干道又向近邻区延伸，联系乡村与邻近城镇，并和市外公路以及铁路、机场与码头等取得密切的衔接，才能保证城市有序、灵活和高效地运转。

城市交通系统规划，特别是城市道路系统规划，首先要考虑与城市用地规划相结合。目前我国土地使用规划部门普遍存在交通规划（而非交通工程）技术薄弱环节的现象，制定的土地使用规划难以保证其交通部分的合理性，而以交通流量预测为基础的城市道路交通系统规划也难以理解规划布局的意图，致使土地使用与交通组织和道路系统脱节，目前许多城市的交通困境正是由此而产生的。同时从布局着手解决交通问题，往往事半功倍，如许多城市寄予厚望的立交桥的建设并没有达到预计的目的，规划部门提出的通过组团城市减少交通出行的目的也很难达到。

图 5-1-1　5D 模式

城市用地布局和城市开发建设对交通需求的产生强度和分布作用毋庸置疑，北美地区提出的 TOD，即以公共交通为导向的城市发展模式在我国城市交通和城市规划界取得了高度认可。然而，解决城市交通问题并没有标准的发展模式，每个城市的发展模式都有其特殊性。针对我国非机动交通比例依然很大、城市交通建设目标不明确等特点，提出了 "5D" 的城市交通模式，即：POD > BOD > TOD > XOD > COD。

POD，"P"代表 People/Pedestrian，包含两层要求。首先是城市建设和城市交通的改善要体现"以人为本"的原则，以人的发展、生活质量的提高为目标，提供当下以及后代可以享受的健康城市生活环境，使不同社会阶层的人以及行动不便者都能从中受益。另外一层要求是城市开发和交通建设要以方便人们步行出行为导向。

BOD，"B"代表 Bicycle。自行车系统规划不仅仅在于交通规划中自行车网络的设计，还要注意在城市规划中强调用地功能的混合、小街区的设计，使人们在自行车活动范围内可以找到服务设施到达就业场所。自行车租赁系统与轨道交通和 BRT 相结合，可以大大扩大这些骨干公共交通系统的服务范围。

TOD 是表示有利于公共交通发展，有利于人们使用公共交通的城市发展模式。只有城市公共交通体系的无障碍，才能方便残疾人使用公共交通，参与城市的生活和城市的发展。

XOD，"X"在数学计算中常常表示未知数，城市中的某些建设其目的的确令人难以捉摸。另外一层意义代表一些城市热衷于形象工程建设，但我们很难用评价艺术作品的思路来评价城市，如果形象工程能结合步行、自行车和公共交通使用环境的改善则会更有意义。

COD，"C"代表 Car。尽管人们普遍反对过度使用小汽车，但在某些情况下必须依赖小汽车，完全禁止其使用是困难的，关键是要限制小汽车在错误的地点、时间内使用，通过城市规划和管理减少小汽车的使用。

城市规划要处理好城市布局结构与道路系统的合理关系，按照不同的交通需要和不同性质交通的功能要求，合理布置不同类型和功能的道路，组织好组团内的交通、跨组团的交通、地方性交通和穿越性交通，形成道路系统与规划结构的合理配合关系。另外，各层次交通之间要有机配合和连接，要综合考虑市际交通与市区交通的衔接、中心城市与周围经济影响地区的联系以及市内交通三个层次的有机连接。此外，还应注意与大交通，如铁路、空运与水运等的配合，综合考虑城市和区域、近期和远期、局部和整体、客运和货运等方面的关系。

城市道路系统是编制城市规划的重要内容。应从总体上，对每条道路都提出明确的目的与任务。因此，兴建或改建一条城市道路，首先须了解该路在城市道路系统中的地位、意义以及与相邻道路的关系，然后才能做出技术经济合理的设计。实践证明，城市道路的建设，如果脱离开城市规划和城市道路系统规划，只着眼于近期需要，不考虑城市的长远发展和合理的功能定位，会给整个城市建设带来很多的困难。

而在城市道路系统规划中，结合城市用地的布局和建设，要区分道路与街道的差别，在规划中要予以明确的分类说明。通常来说，路和街起源于外国城市的道路交通规划，道路是一个统称，按其交通功能和服务状况的不同，可分为道路（Road）和街道（Street），前者是以车行交通为主，道路起"通"的功能，且车速较快，而后者以人行等慢速交通为主，与两旁的沿街建筑有密切的联系，街道起"达"的功能，两者分工明确，相辅相成，各司其职。

现代城市街道往往具有多样化的功能，在街道断面上集合着通行、驻留、设施、服务、交往等复合功能。因此，街道分类不应仅仅考虑小汽车交通，而应结合使用者、道路功能、城市分区功能与城市公共空间四方面要素综合确定。

城市道路系统规划是实现城市交通规划所制定发展战略的手段。只有在城市交通规划的基础上，才能明确城市道路系统的等级和规模。小城镇由于其财力有限，交通问题相对简单，可直接进行道路系统规划，但应该特别注意目前我国一些中小城市所普遍存在的问题，如城市道路系统功能不分、机动车与非机动车混杂行驶以及道路用地不足、缺少停车场地等情况。为了满足迅速增长的汽车与自行车行驶的要求，如何组织城市交通是必须要考虑的问题，这有以下五方面：

（1）交通分流：实行快慢机动车、机动车与非机动车及人车分流，组织系统的自行车交通系统及步行区或步行街。

（2）组织空间交通：考虑地下空间的发展，合理组织交通。在一些地区可考虑地面为步行区，地下为车行区。

（3）发展快速或高速的道路系统：为了方便大城市及城镇间的快速联系，可考虑在最大交通量方向修建快速或高速道路，逐步形成系统，并考虑公共交通通道的建立。

（4）发展公共交通优先行驶系统：考虑发展公共交通的合理性、经济性，估计今后有修建公共汽车专用车道和高品质公交系统的可能性，中小城镇应该考虑区域性公共交通的一体化服务。

（5）充分考虑各种交通设施的配合和连接：不但要考虑市际交通，如与长途汽车站、火车站、航空港及码头等的衔接，还要考虑市内交通，如公共汽车、地铁、出租汽车等站点的配合。

第二节　城市道路系统的功能

城市道路的功能主要有交通设施的功能、公共空间的功能、防灾设施的功能和组成城市要素的功能。而现代城市街道在断面上集合着通行、驻留、设施、服务、交往等复合功能，同时也具有美化城市的功能。在城市道路系统规划中需要合理协调各类道路的功能，与城市用地发展相协调。

城市交通功能又可分为穿越交通和服务沿街地块的功能，等级高的道路多为长距离通过交通或过境交通服务，等级低的道路要考虑服务进出沿路地块和建筑物的作用。同时，在进行道路交通功能设计时，除了普通人的使用，还要充分考虑残疾人和行动不便者的需求。

图 5-2-1　城市道路交通和服务功能

城市公共空间功能包括市内的通风、采光及较低等级道路的城市生活空间的作用。另外城市道路为市政管线的布置提供空间，轻轨、地铁等也可在城市道路空间内安排。

防灾设施的功能，包括起避难道路的作用，防火带和消防、救援的通道作用。

组成城市要素的功能表现在道路形成城市布局结构的骨架，划分街坊，形成邻里居住区和一个特定的规划地块。

图 5-2-2
道路网分级组成模式图

第三节　城市道路系统的分类

城市中各条道路在保证城市生产和生活活动中，起着各种不同的作用。如果功能不分或分类不当，都会给城市正常生活带来不良的后果。例如，过境交通在居住区街道上行驶，则行人和车辆交通之间会产生严重干扰，既影响行车的速度又影响人身的安全。又如交通干道需要平、宽、直，而居住区道路就可以窄一些，并可多迁就一些地形、地物。实践经验证明，修建功能混杂的道路，对城市建设、交通运输都不经济。因此，必须分清道路是交通性的（车辆多）还是生活性的（行人多），是全市性的（交通量大）还是地区性的（交通量小），是以客运为主的，还是以货运为主的等情况，才能为城市规划出合理的道路系统。此外。道路分类也有统一技术标准的作用，对不同类别的道路就可以采用不同的技术指标。

城市道路分类的主要依据是道路的位置、作用、交通目的和性质，其中以交通量和行车速度为基本因素。这些取决于道路的性质与作用，同时这些又是决定道路宽度和线型设计的主要指标。在一般公路上由于车型和交通性质比较单纯，多数以交通量作为分类的主要指标。而城市道路由于城市结构复杂、交通错综，加上城市类型又不尽相同，因此，需要综合考虑多方面的因素进行全面划分。

按照城市道路所承担的城市活动特征，城市道路分为干线道路（快速路、主干路）、支线道路（支路）以及联系两者的集散道路（次干路）三个大类以及城市快速路（Ⅰ级、Ⅱ级）、主干路（Ⅰ级、Ⅱ级、Ⅲ级）、次干路和支路（Ⅰ级、Ⅱ级）四个中类和七个小类。不同城市须根据城市规模、空间形态和城市活动特征等因素确定城市道路类别的构成。其中，城市道路按其在城市道路系统中的地位、交通功能分为下述四类。

（1）快速路。城市道路中设有中央分隔带，具有四条以上的车道，全部或部分采用立体交叉与控制出入，供车辆以较高的速度行驶的道路。快速路完全为交通功能服务，是解决城市长距离快速交通运输的动脉。在快速路两侧不宜设置吸引大量人流的公共建筑物的进出口。两侧一般建筑物的进出口应加以控制。如北京市的二环路、上海中环线高架道路和天津中环线。

（2）主干路。在城市道路网中起骨架作用的道路。以交通功能为主（中、小城市的主干路常兼有沿线服务功能）。自行车交通量大时，宜采用机动车与非机动车分隔的形式。城市建设用地内部的城市干线道路的间距不宜超过1.5km，以减少交叉口交通对主干路交通的干扰。交通性的主干路解决大城市各区之间的交通联系，以及与城市对外交通枢纽之间的联系。

（3）次干路。是联系主干路之间的辅助性干道，与主干路连接组成道路网，起到广泛连接城市各部分和集散交通的作用。次干路沿街多数为公共建筑和住宅建筑，兼有服务功能。

（4）支路。是次干路与街坊路的连接线，解决地区交通，以服务功能为主。如通向体育场的一条端路，尽管有较宽的路幅，在城市道路系统中仍然为一条支路。

第四节　城市道路系统规划的基本要求

城镇道路系统规划要有利于促进城市经济社会发展，方便城市居民出行，有利城市货运组织，突出城市风貌、城镇历史和文化传统；充分结合地形、地质条件，发挥城市道路的各种功能，道路规划的基本要求如下：

道路系统规划要紧密结合城市用地布局，为城镇的进一步发展创造条件。方便城市各功能区与交通枢纽之间的联系，有助于干路系统构成一个有机联系的整体。道路网规划应充分结合地形。

合理安排公路与城市道路的连接。城郊公路交通有纯粹穿城和进出城交通。进出城交通有利于城市的发展。中、小城市的发展对进出城交通的依赖性很大，因此过境公路不宜离城市太远。应根据具体情况选择环形放射线、半环放射式、支线接口和直接穿越的形式，城市主要出入口应考虑每个方面有两条放射道路。

新建与原有路网的结合。城镇原来路网系统对城镇新建道路的发展有很大的影响。规划时应结合城市的功能定位、土地利用的构想、城市环境状况及目前存在的问题，在调查分析的基础上，注意结合旧城改造与新建道路的有机联系，对已经存在的路网，重要道路卡口处不应过于迁就现状，同时，应兼顾旧城的历史文化、地方特色和原有道路空间、尺度和环境的特征，对有历史文化价值的街道应适当加以保护。也可利用狭窄、密布的街道，开辟贯道的自行车道系统，实行部分机非分流，减少交叉口处的机非冲突。

按交通需求规划路网。规划路网时，应充分考虑交通运输的现状和未来的城市交通需求，应考虑到分期、分阶段实施的需要。路网的联通性、成网性对保障路网的可靠性和实现交通分流有重要作用。按照城市土地开发的强度尽可能使城市路网均衡分布，道路间距要适当，在城市中心地区尽量避免"大街坊"的出现，主要道路红线宽度的确定要以交通量的预测为依据，处理好道路宽度与道路密度的关系。

道路网节点上相交道路条数不宜超过 4 条，道路宜垂直相交，最小夹角不应小于 45°，应尽量避免错位的 T 字形路口，城市路网交叉口的形式应视相关道路等级、交叉口交通的流量流向来确定。

交通网络的通行能力取决于路段、交叉口和停车设施的安排，因此在道路网络规划时必须将交叉口及停车设施的位置、大小、形式以及人行设施等一并考虑。

道路规划要满足城市环境保护的要求，城市交通的噪声、空气污染和震动是城市环境的巨大危害。规划道路系统时应通过保护性环路、车辆禁行、限速及沿路防护绿带的设置来减少环境污染，路网规划应有利于产生污染较小的公共交通、自行车和步行交通方式。

另外，城市主干道走向应注意主导风向，有利于城市通风和防止寒风袭击，并使沿街建筑获得良好的日照。

道路规划时还要考虑城市景观和路面排水及工程管线敷设的需求，对有些预计将会有较大规模的开发，将产生大量交通需求的走廊应预留公交专用道或轨道交通用地。

第五节　城市道路网类型

从国内外城市形成与发展的实际中，可以把常见的干道网的形式归纳为放射环式、棋盘式、自由式、混合式、组团式五种。前三种为基本类型。

（1）放射环式。这种路网形式由放射干路和环形干路组成，通常是由

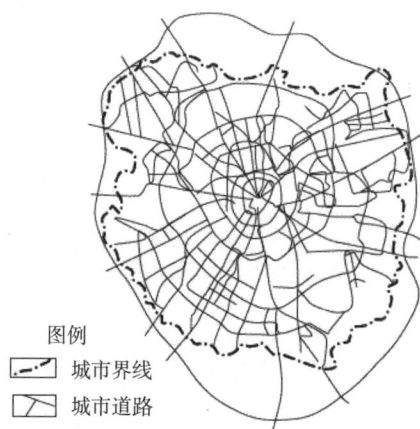

图例

⌐-⌐ 城市界线

◁▷ 城市道路

图 5-5-1 莫斯科放射多环式示意图

旧城中心区逐渐向外发展，引出放射道，随着城市的发展形成环路。环形道路可以是全环、半环或多边折线形。放射环式便于市中心与外围市区和郊区的直接快速联系，为避免市中心地区交通负荷的过分集中，放射干路不宜均通至内环，避免过境交通穿越市区。

（2）棋盘式。棋盘式路网又称方格式，是最常见的道路系统，适用于地形平坦的城市。

在城区相隔一定距离，分别设置同向平行和异向垂直的交通干道，在主干线之间再布置次要干道，从而形成整齐的方格形街坊。这种布局有利于建筑物的布置和识别方向。由于相平行的道路有多条，使交通分散、灵活，当某条道路受阻或翻建施工时，车辆可绕道行驶，路程不会增加过多，交通组织简单，整个系统的通行能力大。方格式干道系统的缺点是对角线方向交通不便，非直线系数达 1.2—1.41。在流量大的方向，如增加对角线道路，则可保证重要吸引点之间有便捷的联系，但因此形成三角形街坊和复杂的多路交叉口，这又将不利于交叉口的交通组织。故一般城市中不宜多设对角线道路。方格式道路系统不宜机械划分方格，应结合地形、现状与分区布局进行，如应注意与河流的夹角，不宜建造过多的斜桥；新规划的方格路网与原有路网形成夹角时，应减少或避免形成"K"形交叉口，以利交通。方格式主干道间距宜为 800—1200m，由此划分成"分区"，分区内再布置生活性道路或次要交通干道。

一些大城市的旧城区历史遗留的路幅狭窄、密度较大的方格网，不能适应现代汽车交通的要求，可以组织单向交通，以提高道路通行能力。如，美国纽约中心区单向交通街道占 80%。

（3）自由式。由于地形起伏变化较大，道路网结合自然地形呈不规则状态。我国山城重庆、青岛、南平、渡口等城市的干道系统均属自由式，其道路沿山麓或河岸布置。如青岛市是依山临海的港口城市，城市布局顺胶州湾沿岸延伸成带状。干路顺地形自由延伸，内部街道呈不规则的方格或三角、五角形。非直线系数较大、街坊不规则是这种图式的缺点。

图 5-5-2 青岛市自由式干道示意图

（4）混合式。混合式是由上述三种基本图式组成的道路系统。这种类型大多是受历史原因逐段发展形成的，有的在旧市区方格网式的基础上再分期修建放射干道和环形干道（由折线组成），也有的是原有中心区呈放射环式，而在新建各区或环内加方格网式道路。我国城市，如上海、南京、合肥均属这种类型。

（5）组团式。河流或其他天然障隔的存在，使城市用地分成几个系统。组团式道路系统为多中心系统。深圳是个狭长的带形城市，由河、湖分隔形成多中心的组团式布局。这种结构有利于工作地点接近居住地点，组团内交通距离不长，多中心便于分散交通流，但东西向狭长的交通走廊上交通流过于集中，因此规划时设置了平行线，保证有几条客、货分流直达干线。如泥岗路、笋岗路为主要货运干路，深南路、滨江路为主要客运干路，形成纵向骨干交通串连全市各个组团。

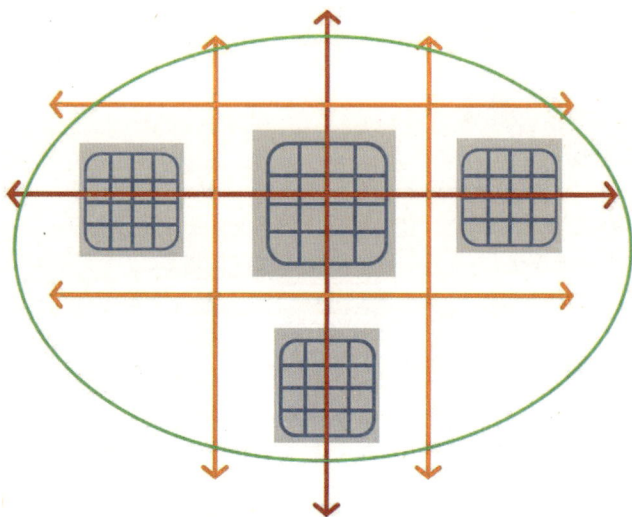

图 5-5-3　组团式（方格网）道路系统示意图

第六节　城市道路断面的构成和布置

一、确定红线的意义和作用

城市道路网是城市总体规划的重要组成部分，城市道路红线与城市土地使用及城市布局密切相关。大量的新建筑，尤其是沿街建筑与大量的道路和地下管线的建设等都与道路红线有直接和相互依赖的不可分割的关系。

所有房屋、道路、地下管线的布置，必须有相应的建设条件，其中主要一条就是需要有道路红线为依据。成街成片的建设要测定相关的红线，建设一栋或几栋建筑也要测定有关的红线；新修一条路或新建一条地下管线也要测定有关红线。

正是由于道路红线能确定主次干路、交叉路口以及广场等的用地范围，既便于解决道路两侧建筑物近远期的修建，也为城市公用设施各项管线工程的设计、施工提供主要依据。

二、确定红线宽度的主要依据和影响因素

（一）道路的位置及沿路两旁建筑物性质的要求

这方面对于道路总宽度有不同的要求，主要表现在建筑物的高度（h）和道路总宽度（β）的比例关系上，现述之如下：

从日照、通风要求出发：为了道路两旁的建筑物有足够的日照和良好的通风，道路宽度和沿街建筑物高度要有适当的比例。

从防空、防火、防地震的救灾避难要求出发：可考虑当道路一边发生房屋倒塌后，仍能保证有一定的地带继续维持交通。

从建筑艺术上的要求出发：道路宽度应能保证建筑物有良好的能见度（视线）。一般当 $h=\dfrac{1}{2}\beta$ 时，能够很清楚地看到各座建筑物的立面和相当大一段道路的建筑。大于此比例，就显得房子太高，路太窄，会造成视觉感觉较为压抑。但通过植物的合理配置及沿街立面的优化设计，可以减少或避免因路窄楼高造成的视觉影响。

根据城市建设经验，一般认为 $h:\beta=1:2$ 左右，既能满足建筑物的日照、通风、防空、防火、防地震各方面的要求，亦能满足建筑艺术方面的要求。尤其对于中、小城市，由于交通和公用设施都比较简单，如能满足上述的比例要求，基本上也就能满足交通及其他方面的要求。

（二）交通运输的要求

道路按照其功能和交通性质与交通量等可以决定需要哪些组成部分及各组成部分的宽度，这样即能确定道路的总宽度。例如，某道路根据远景交通要求，朝一个方向需要机动车道为 6.5m，非机动车道为 3.5m，分车带为 1m，人行道包括绿带为 6.0m，则上述各部分的总和就是根据交通运输要求所拟定的道路总宽度，即为（6.5+1.0+3.5+6.0）×2=34（m）。

（三）其他方面的要求

（1）地下管网埋设的要求。

（2）绿化布置的要求。

（3）城市所在地区的气候、地形和水文地质条件以及改建城市时的现状条件等。

（4）远近结合的要求。

三、道路断面的构成

城市道路断面由车行道、人行道、沿街绿化及停车带组成。规划道路用地的总宽度称为红线宽度，红线是道路用地和城市其他用地的分界线。

（一）车行道

车行道是供一纵列车辆安全行驶的地带，机动车道的宽度取决于车辆的外轮廓宽度、横向安全距离以及不同车速行驶时车辆摆动宽度。

城市道路每车道宽度为3—3.5m，部分路段可低至2.8m，交叉路口分流车道每车道为2.3—2.5m，干线公路（包括高速公路、快速路）每车道宽为3.75m。

机动车的车道数与估算的道路交通量有关，一条车道的可能通行能力是指在不考虑平面交叉口的影响下，在单位时间内，保持一定车速安全行驶所能通过的车辆数。车速与通行能力关系密切。

理论上一条车道的通行能力可达1500pcu/h，甚至2000pcu/h，但由于行人干扰和平面交叉口的影响，一般城市道路的车道通行能力多在800pcu/h以下，甚至更低。

在具体确定车行道宽度时还应根据道路等级、红线宽度、用地条件、公交专用道的设置等来确定，若允许沿街停车，宜另增设宽度为2.75—3m的停车带，在个别情况下，车行道宽度的选取也会受到政治因素的影响。

城市道路车道数双向不宜超过6条，车道数过多容易造成行人过街不便，交叉口的超车、转换车道容易造成交通混乱，对道路通行能力的提高效果并不明显。

（二）非机动车道

非机动车道的设计一般以自行车、电瓶车为主，设计标准双车道宽度为2.5m，三车道为3.5m，四车道为4.5m。非机动车专用路、非机动车专用休闲与健身道、城市主次干路上的非机动车道，以及城市主要公共服务设施周边、客运走廊 500m 范围内城市道路上设置的非机动车道，单向通行宽度不宜小于 3.5m，双向通行不宜小于 4.5m，并应与机动车交通之间采取物理隔离。机非混行的道路断面上，非机动车道的宽度不得少于 2.5m，同时还要考虑三轮车、残疾人车辆和其他非机动车行驶的要求，可适当增大车道宽度。

（三）步行道

人行道的主要功能是满足步行交通的需要，同时应满足绿化布置、地上杆柱、地下管线、交通标志、信号设施等的需要。

我国城市人口密度高，城市中心处行人集中程度高，在道路规划时应考虑有足够的人行道宽度供使用。因人行道也常常被用作非机动车或摩托车的停车空间，同时沿街店面会有侵占情况，如宽度不够，势必导致行人入侵车行道而影响到汽车、非机动车和行人的交通安全和顺畅。故通常要求城市步行道设计为行人能够使用的有效宽度，最小宽度不应小于 2.0m，且应与车行道之间设置物理隔离。

表 5-6-1　城市步行道最小有效宽度要求

项　　目	步行道最小有效宽度（m）	
	大城市	中、小城市
一般路段	3	2
商业或文化中心区以及大型商店或大型公共文化机构集中路段	5	3
火车站、码头附近路段	5	4
长途汽车站附近路段	4	4

四、城市道路断面布置

（一）道路横断面根据交通组织特点的不同，可分为下列四种形式

（1）单幅路。车行道上不设分车带，以路面画线标志组织交通，或虽不做画线标志，但机动车在中间行驶，非机动车在两侧靠右行驶的称为单幅路。我国老城道路、城市次干路、支路多采用这种形式。它具有占地少、投资省、机动车和非机动车高峰时间错峰时路面利用率高的优点，单幅路的缺点在于车种混杂和不安全，故只能适用于交通量不大的次要道路。

（2）双幅路。用中间分车带分隔对向机动车车流，将车行道一分为二的，称为双幅路。高速公路与一级公路系汽车专用公路，为提高其行车速度、保障交通安全，均采用双幅路断面形式。城市道路双幅路上的机动车外侧行驶非机动车时，仍属混行，加之行人若从中央绿带突然穿出时，易造成交通事故，因此双幅路中间带的绿化要妥善布置。双幅路不宜于城市中心及临街吸引人流公共建筑较多的街道。

（3）三幅路。用两条分车带分隔机动车和非机动车流，将车行道分为三部分的，称为三幅路。鉴于我国城市道路上自行车流量大，三幅路形式是目前大、中城市主干路流行的断面形式。三幅路还具有便于分期修建的特点，但容易造成交叉口机非混杂，道路通行能力降低。

（4）四幅路。用三条分车带使机动车对向分流，机非分隔的道路，适用于交通量特别大的快速路和主干路。

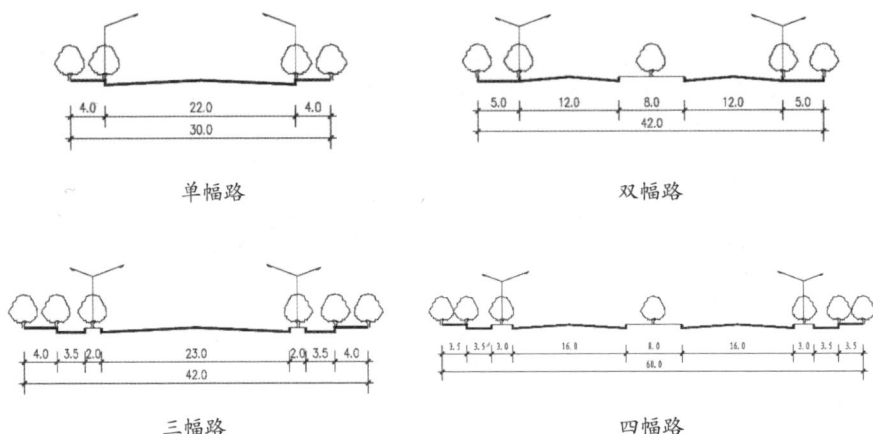

图 5-6-1　四类道路横断面示意图

（二）人非共板的规划实践

人非共板车道，就是电动车、自行车等非机动车和行人共用的一个板块。人非共板街道人行道与非机动车道之间无高差、共板使用，通过铺筑不同色彩路面结构，清晰区分非机动车道和人行通道，达到各自功能，实现非机动车、行人道路空间资源的共享。而人非共板通过与机动车道之间的高差设置，分离人非系统与机动车道系统，实现快慢分离。同时人非共板对于残疾人等出行不便人群较为友好，在一定程度上提高了轮椅乘坐的舒适程度。

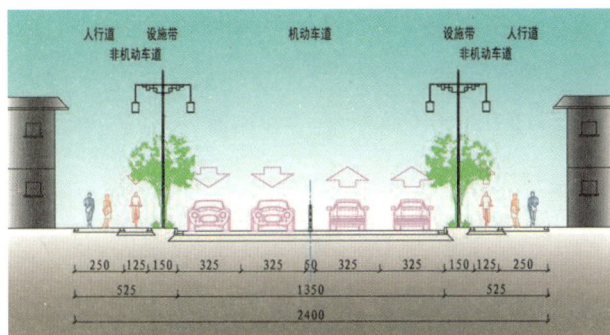

图 5-6-2
人非共板典型断面

人非共板具有以下几方面优点：

（1）部分道路原有地下管线可以得到较好的保护和利用。

（2）节约空间资源。因为互相借用车道，人非共板宽度一般比单独非机动车道加人行道窄得多，而且节约下来的断面宽度能够方便地布置机非系统的隔离设施。在非机动车道非高峰时期，人行道可以借用非机动车道。

（3）有效利用时间资源。人非共板方案可以使非机动交通在高峰时间利用人行道空间，而在正常时段人行交通可以利用非机动车道空间，达到合理利用时间资源的目的。

图 5-6-3　人非共板实例

人非共板存在的问题主要有：

（1）人非共板断面宽度过小，当路段被设置成临时停车场所或被两侧商铺设施占用时，很可能将人非交通挤出人非车道，而占用机动车道，产生安全隐患。因此采用人非共板断面方案的前提是有足够的空间宽度。

（2）与道路性质不相匹配。对于城市交通性干道，如城市环线、射线或组团间的连接线，采用人非共板利用率很低。

（3）人非共板的安全性问题。由于近年电动自行车、电动摩托车在城市中大量使用，其速度远快于人力自行车，更快于行人的步速，在流量较大的路段采用人非共板对行人通行的安全性影响较大。此类路段可以采用绿植、小品、路灯等间断性设施隔离人行与非机动车道，使二者虽共板相通，却有一定分隔，在一定程度上能减少非机动车对行人的影响，同时在有需求的情况下可以相互借道。

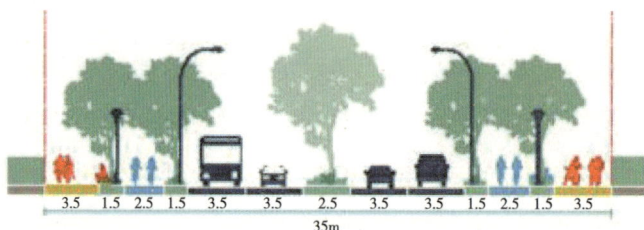

图 5-6-4　人非共板有隔离时的断面示意

人非共板的规划思路和利用：

（1）设置需充分考虑道路的功能。对非机动车道和人行道要求相对较低的道路人非共板宽度可适当减小；对于生活性道路需设置较宽的人行道步行环境，若采用人非共板方案需要设置足够的宽度；对于景观性城市道路，人行道宽度不仅要考虑人行通行能力的大小，而且要结合绿地的宽度综合设置，此类道路不宜设置人非共板。

（2）规划时要重视道路两侧用地性质。道路两侧为生活用地，可以采用人非共板方案，同时应适当加宽，且机非应采用物理分隔；道路两侧为商业或交通枢纽等人行活动密集区，最好采用人非分离方案。若采用人非共板方案，需加大人行道宽度，非机动车道可适量减小；道路两侧为工业、仓储等用地，宜采用人非共板断面方案，且宽度可适当减小。

（3）对于老城区道路改造和新区道路建设。老城区道路改造受城市用地空间的限制，不得不采用人非共板方案时，应设置机非分隔、加强交通管制；新区道路建设应结合实际情况，采用近远期结合方案，预留人非断面的宽度，近期按绿化处理或仅实施人行道，远期再行实施人非共板方案。

人非共板的通行模式能有效节约道路用地，增加通行能力，在道路资源有限、拆迁拓宽不可能实现的条件下，通过把非机动车改为机动车道，使道路的通行能力得到了有效提升。但人非共板模式在当前电动车辆的大量使用情况下，使人行交通存在较大的安全隐患，因此对待人非共板的策略使用，还应以"满足功能、保障安全、兼顾发展"等方针为指导，科学、合理地运用。同时还应积极探索和研究新的断面组合方案，以适应当前交通发展趋势。

五、"小街区"的规划实践

（一）"小街区"的概念

针对现代住区发展中普遍存在的地块尺度大、交通拥堵、社会隔离等问题，《中共中央国务院关于进一步加强城市规划建设管理工作的若干意见》（下简称《意见》）中明确提出，新建住宅要推广"街区制"，原则上不再建设封闭社区，已建成的住宅小区和单位大院要逐步打开，实现内部道路公共化。在此要求下，发展何种街区空间、如何建设与管理该种空间形态以解决交通拥堵、繁荣街道生活、促进社会融合，是我国当前城市发展面临的主要问题。

"小街区模式"概念的提出比较符合《意见》的要求。这种模式首先是一种与密集街道网络相辅相成的城市土地利用模式，在规划建设中基于土地集约原则，强调形成高效的、功能混合的、适宜步行的开放性街区空间。其次，"模式"主张将人的活动从尺度巨大的综合体或者封闭式管理的社区中溢出，流到城市街道上去，重建街道的活力，增进城市经济效益。此外，同时充分发挥街区的社会、文化与生态价值，形成一个人性化尺度的、多样性的城市环境。

"小街区"概念界定为由城市主干道围合、中小街道分割、路网密度较高、开发强度适中、土地功能复合、公共交通完善、公共服务设施就近配套的开放街区模式。同时，在对小街区的规模尺度进行界定时，考虑到小街区

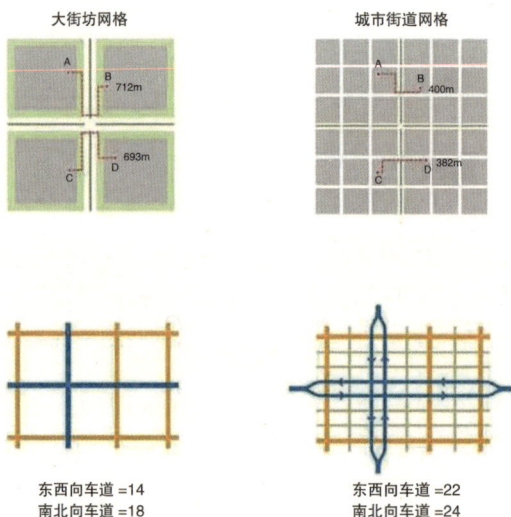

图 5-6-5 密路网系统

主要应用于以居住、商业服务业设施、公共管理与公共服务、绿地与广场等用地功能为主的街区，一般可分为商业商务型街区和居住型街区两种类型来研究其空间尺度。

与传统居住空间组织模式下的"大街区"相比，"小街区"作为开放网络中的空间单元，主要是提高土地开发价值，增加了居住小区的对外连通，为慢行活动提供了更多的通道和出行的便利。但是打破围墙的"小街区"网络也极可能会增加机动车的穿越干扰，故而，在希冀"小街区"增强网络连接和开放的同时，还必须注意它对街区的影响是有两面性的，其大小也有适度规模，并非一味越小越好。

（二）"小街区"的规划实践

"小街区"的规划以实现密集街道网络，打造人性尺度的街区，优化步行、骑行和机动车交通流等目的为基础，采取不同的规划手段与措施进行建设或改造。

昆明的呈贡新城采用"单向二分路"的规划技术，这个技术已经在美国和加拿大得到广泛推广。单向二分路是两条平行反向的单行道，每条单行道分别设置机动车道、公交专用道和自行车道。单向二分路可以为所有交通参与者创造更安全的出行环境，并提高交通运行效率，同时增加公共交通的服务能力。

此外，在规划实践中，一个很大的障碍是需要突破现有的技术规范，这些规范可能适用于一二十年前中国城市建设的主要矛盾，但无法完全实现"小街区"的规划设想。所以，规划工作者需要同政府机关、高校和研究机构合作，探讨如何解决技术规范层面的问题。例如城市道路密度和宽度的问题、建筑退线的问题、交叉口转弯半径的问题、平面和竖向功能混合的问题等。也包括一些现行标准体系尚未探讨的问题，例如 TOD 开发的相关技术标准。

线形公园

自行车道

生态溪

图 5-6-6
单向二分路截面

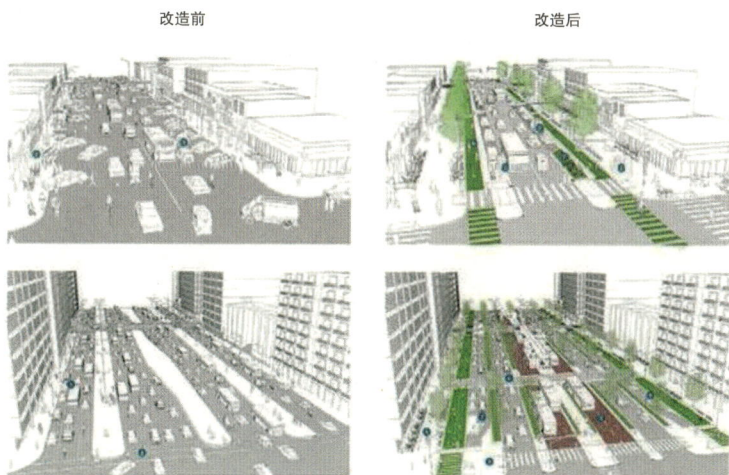

改造前

改造后

图 5-6-7
道路改造示意

（三）"小街区"的规划探索总结

"小街区"的理念面向新建项目，尽量减少大尺度的街区的规划建设，密路网分散了道路交通流量，降低了多数道路的交通负荷，降低了堵车的可能性。同时行人过街距离更短，出行更安全，更加适宜无障碍人群的出行。"小街区"的理念会让人们重新意识到街道不是危险的，适宜尺度的街道可以给社区带来很多好处。

此外，密路网会提升土地的经济效益。人性的尺度，也是关于经济的尺度。"小街区"上会有各种小店铺，而不是大型购物中心，这也会促进社区经济的发展。"小街区"构成的城市形态拥有更强的适应性，土地利用的灵活性也更高，可以为小型开发商进入市场创造更多机会。

"小街区"旨在通过网络重构来提升街区的空间品质。然而好的空间质量不是由"小街区"本身直接产生的，而是开放街区下的各种空间和政策等因素共同作用的积极效应。"小街区"的规划目标应该是要有利于街道网络的积极使用，以提升街道的场所性、改善步行活动的体验为核心。因此，要结合街区的功能开发特点，以日常活动场所作为"小街区"空间组织的触发点，优先保证步行网络的便利性和连贯性，并创造丰富多样的沿线土地使用，形成有利于激发社区交往的街道公共空间。在规划设计中，"小街区"模式运用不当也会产生多模式交通冲突、空间品质下降等消极结果，尤其是在机动化水平较高的街区。因此，必须从更大范围优化人、车交通组织，甚至适当"扩大"街区，才能促进地区整体品质的提升。

第六章

人行道与交叉口的无障碍设计

第一节 设计的需求特点

各种各样人群都需要使用人行道系统。他们的能力在敏捷性、平衡感、认知、协调、耐力、灵活性、听力、问题解决、力量、视力和步行速度方面各不相同。人行道环境的设计对所有行人都很重要，但对于那些行动选择有限并且最依赖行人环境的残疾人来说尤为重要。例如老年人、有视力障碍的人和儿童经常依靠人行道在他们的社区内独立活动，以进行购物、娱乐、锻炼和步行上学。

传统上，设计参数基于"标准行人"，即具有良好视觉、听觉和移动性的敏捷人。这些设计参数不能满足不断增长的残疾人口和活动能力受限人群的需求。通用设计原则基于创建可用于各种能力的人的环境。将这些原则应用于人行道建设的各个方面以消除障碍并创建真正实用的人行道系统。

运动障碍限制了个体在环境中物理移动的能力。它们可以限制个体从交叉口的一侧向另一侧的移动，或者使用按钮来激活行人信号的能力。行人环境中的运动障碍包括路缘、陡坡、路径内的障碍物（杆等），以及宽度太窄而无法通过，过宽的路口设计使这些群体的出行非常困难。

信息障碍限制个人使用行人环境中包含的信息。这些障碍限制了行人识别和接收信息的能力（例如视力丧失阻止个人使用视觉标志），或限制理解所接收的信息并决定行动方案。环境中的信息障碍包括复杂的交叉路口、变化的路径（例如在工作区域中）以及缺少街道交叉口信息。

为了创建一个真正可供所有行人使用的人行道网络，设计人员需要了解用户的能力如何受到他们的设计决策的影响。行人有不同的需求，因此，改变设计以增强一个群体的使用可能会给其他人带来额外的障碍。目标应该是通过结合通用设计原则，使尽可能多的行人用户能够使用所有人行道。

辅助技术：

辅助技术在提高残疾人在环境中独立行走的能力方面发挥着重要作用。这些设备可用于最小化和消除人行道环境中存在的活动限制和使用限制。技术可以是个人的、活动特定的或环境的。以下是个人技术的示例：

（1）手动轮椅可在平坦、坚固、障碍物的自由曲面上轻松移动。然而，难以在陡坡或横坡上进行操纵，并且难以在不同的过渡点（如街道到人行道）上进行操纵。

（2）假腿使个人保持一定的活动能力。然而，假腿不能提供确保稳定的足部安置、检测障碍物或保持平衡所需的感觉反馈。

（3）视力严重丧失的人使用拐杖可探测前方路径 0.6—0.9 m 的障碍物，但无法探测到 0.9 m 以外的障碍物。

（4）电动轮椅和踏板车可以在更陡峭的坡度上操纵，并且比手动轮椅更长距离行驶。

（5）服务犬训练有素，以应对特定的命令和躲避障碍。服务犬需要照顾和维护。

（6）助听器可用于放大交通声音，但放大不是选择性的，因此交通声和行人信号提示声都被放大了。

第二节　人行道通廊

人行道通廊是行人系统的一部分，从道路边缘到通行权边缘（物业线或建筑物边缘），通常与街道平行。良好的人行道通廊设计的属性包括：

（1）所有用户的可达性。

（2）足够的宽度。

（3）使用安全（人行道用户不应受到相邻交通或环境的威胁）。

（4）连续性和连通性。

（5）景观绿化，在行人和交通之间创造缓冲空间，并提供遮阴。

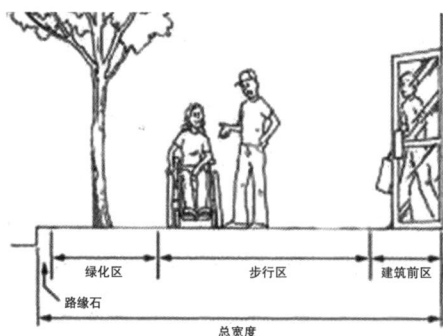

图 6-2-1
区域系统将人行道走廊分为四个区域,以确保行人有足够的空间可以活动。
(本章图片参考美国交通部: Accessible Sidewalks and Street Crossings)

● 社交空间(行人可以安全地参与公共生活的区域)。

区域系统:中央商务区和市中心区域的人行道需要设计为容纳比住宅区更大的行人交通量。这些区域的街道景观通常用于多种用途,通常由以下区域组成:建筑前区、步行区、绿化/设施区和路缘区。

建筑前区是建筑物墙壁和行人区之间的区域。行人在建筑物墙壁或围栏附近行走时感觉不舒服。行人与建筑物墙壁应保持至少 0.6m 的距离。

根据该区域的使用,正面宽度应该增加并且与行人区域物理分离(例如允许额外的空间用于开门进入正面区域、人行道咖啡馆等)。有视力障碍的人经常在临街区域行走并使用来自相邻建筑物的声音进行定向。一些人行进至距离建筑物 0.3—1.2m 时,利用建筑物边缘作为盲杖指引的参照,正面区域应没有障碍物和突出物体。否则,那些使用盲杖的人应该可以检测到正面区域的障碍物。建筑物入口处和人行道上的设施(如饮水机、长凳等)周围需要设置水平面。

步行区是人行道通廊中专门用于行人行走的区域。该区域应没有任何障碍物、突出物体和任何对行人,特别是对于有视力障碍的人有害的垂直障碍物。有效步行区的宽度应至少为 2m 或更宽以满足行人容量较高的地区所需的服务水平,其应允许行人并排行走或者对向行走。步行区不应小于 2m,这是使用导盲犬、盲杖和助行器的人所需的最小宽度。轮椅使用者需要大约 1.5m 转身和 1.8m 才能通过其他轮椅。

绿化/设施区位于路缘和步行区之间。这个区域提供了街道交通的缓冲,并允许整合公用设施(电线杆、消防栓、电话亭等)和街道设施(长椅、标志等)等要素。目的是确保步行区没有任何障碍物。在社区和一般街道上推荐为

1.2m，在主要街道上推荐为 1.8m。公交站点和公共汽车候车亭需要额外的空间，一个典型的等候区域的尺寸为 1.5m×2.4m。在冬季大量积雪的地区将需要更宽的绿化/设施区，以使积雪存储在绿化/设施区中以保持步行区无障碍物。

　　路缘区是位于道路附近的人行道走廊的第一个 0.15m 区域，它是道路/排水系统不可分割的一部分，可以将多余的水排出人行道走廊。路缘区也不鼓励机动车辆进入/离开人行道走廊，除非在指定地点，并且对于有视力障碍的行人来说是一个有价值的安全和指导提示。

第三节　人行道坡度和横坡

　　应尽可能避免陡坡和横坡，或与水平休息区相结合。动力和手动轮椅在倾斜表面上可能变得非常不稳定或难以控制。当陡峭的人行道和坡道区域潮湿、结冰或被雪覆盖时，它们几乎没有防滑性。

　　坡度：人行道沿街道布置，因此其坡度往往难以控制。人行道坡度理想情况下不应超过 5%。如果人行道坡度接近或超过坡道允许的最大坡度，则应提供水平休息区。水平面任何方向的坡度不应超过 2%。水平面的尺寸应至少为 1.5m×1.5m，以便轮椅使用者在不阻挡行人流量的情况下停下来休息。

图 6-3-1
带有长凳的水平面提供了一个不会妨碍行人交通流量的休息点

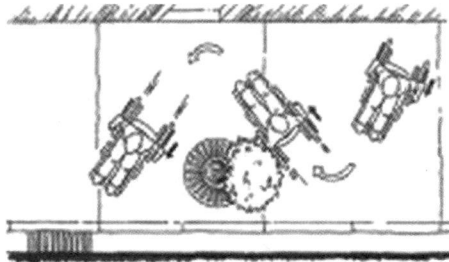

图 6-3-2
在陡峭的地形区域，宽阔的人行道允许轮椅使用者以曲折的方式行进，尽管他们的行进距离增加，但降低了他们必须通过的坡度

这个区域可以更大，以包括其他设施，如长椅、扶手和饮水机。在陡坡的地区，考虑设置宽阔的人行道通廊，让轮椅使用者以 Z 字形行进。

横坡度：设计允许的最大横坡度为 2%。陡峭的横坡需要轮椅使用者和其他行人抵抗重力的影响，以维持其横向平衡。使用拐杖或盲杖的行人可能被迫侧向转动，以使其支撑基座保持在可控制的角度。陡峭的横坡可能会导致轮椅使用者转向路缘并进入街道。当与陡坡和不平整的表面结合时，横坡的影响更加复杂。设计师和那些建筑设施需要了解坡度和横坡的影响，并特别注意保持施工误差以及设计标准。

对于具有陡峭斜坡的人行道，设计师可在步行区内创建一个至少 0.9m 的水平区域，或者增加路缘的高度。后一种情况可能会对路缘坡道设计和路内停车造成问题（车门可能无法在路缘上打开）。

轮椅使用者在坡度大于 2% 的人行道上行驶，需要更多的能量来抵消导致他们朝向路缘进入街道的重力

图 6-3-3　问题

最大坡度 2%
宽度不小于 915mm

当街道高度低于建筑物高度时，至少有 0.9m 宽的水平面提高使用性

图 6-3-4　良好的设计

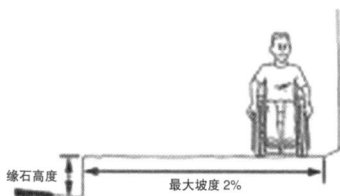

缘石高度
最大坡度 2%

当街道高度低于建筑物高度时，增加路缘高度可提供水平路径。如果人行道不足以安装设计良好的路缘坡道，则此解决方案可能并不理想

图 6-3-5　可接受的设计

第四节 人行道表面和突出物

影响人行道表面可用性的因素包括：

（1）表面材料。

（2）水平面的变化。

（3）坚固性、稳定性和防滑性。

（4）间隙、格栅和开口的尺寸。

（5）视觉一致性。

表面材料通常由混凝土或沥青组成，但是，也使用瓷砖、石头和砖。通常，混凝土和沥青的人行道坚固、稳定，并且在干燥时具有较好的防滑性。在混凝土人行道上使用的面扫处理增加了防滑性。对于使用轮椅或助行器的人来说，不防滑的表面会造成困难，例如，盲杖用户依靠能够安全地放置他们的盲杖尖端以有效地在人行道上行进。视觉上不一致的表面（所有颜色和纹理）可能使视力障碍的行人难以区分人行道上颜色和图案的变化与水平下降或变化之间的差异。

装饰性表面材料，如油漆和表面材料、抛光石或暴露的骨料，不具有防滑性，应避免使用。通常用于标记人行横道的涂料和热塑性材料在潮湿时不具有防滑性。当人行道材料潮湿或结冰时，更难以实现防滑接触。添加到热塑性塑料中的质地将改善防滑性。

砖和鹅卵石可以改善人行道的美感，但也可能增加行动障碍的行人所需的工作量。例如，没有紧密间隔在一起的瓷砖可以形成抓住轮椅脚轮的凹槽。这些装饰性表面也可能产生振动颠簸的感觉，这对于坐轮椅的人来说可能是不舒服和痛苦的。表面纹理不应包括每 1.2m 超过 0.1m 的上升。砖块和鹅卵石可能起伏或沉降，造成不安全的水平变化或成为绊倒行人的危险，特别是对于那些有视力和行动障碍的人。装饰性纹理表面材料可以使具有视力障碍的行人更难以识别提示盲道，这些盲道提供关于从人行道到街道的过渡的关键信息。出于这些原因，不建议使用砖和鹅卵石，有创意替代品包括带砖饰的光滑走道和彩色混凝土。

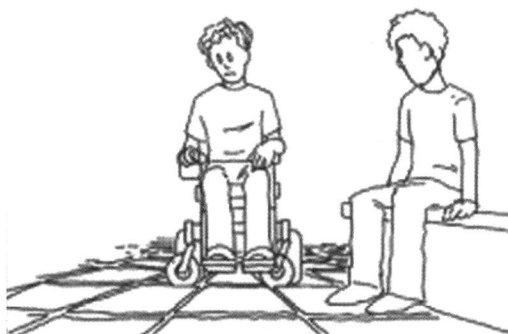

图 6-4-1　连接表面之间的空间使轮椅脚轮旋转和捕获大大增加滚动阻力

水平 / 高度的变化是相邻表面之间的垂直上升。水平变化的原因包括：

（1）树根上推。

（2）从街道到排水沟到坡道的不均匀过渡。

（3）由于霜冻而起伏或沉降。

（4）由于底座准备不当导致弯曲。

水平 / 高度的变化可能会导致以下主要问题：

（1）行动不便的行人——抬脚困难或盲杖导致绊倒。

（2）有视力障碍的行人——难以检测高度变化，导致绊倒。

（3）使用轮椅的行人——小型前脚轮侧向旋转，无法越过。

（4）使用轮椅的行人——难以在高度变化的情况下滚动。

水平 / 高度变化的要求：

（1）最大 6mm——可以保持不倾斜。

（2）6—13mm——表面平整，最高坡度为 50%（1∶2）。

（3）大于 13mm——移除或安装斜坡，最高坡度为 8.3%。

在铁轨、排水口、通风口、树木格栅等处出现间隙、格栅和其他开口，轮椅脚轮、直排轮滑轮以及自行车车轮经常被夹在宽度大于 13mm 的开口和间隙中。在这些情况下，这个人有可能突然向前倾斜，拐杖和盲杖等助行器也会被格栅和缝隙夹住。当手杖尖端滑过开口时，行人会变得不稳定并有跌倒的危险。格栅应放置在绿化/设施区远离步行区，并远离人行横道和路缘坡道的底部。

应设计差距和格栅：

（1）开口不允许通过 13mm 的球体。

（2）开口的长尺寸与主要行进方向垂直或成对角线。

树木对人行道走廊的影响——种植树木通常用来改善行人体验，改善街景的美学外观，充当了行人和交通之间的视觉和听觉缓冲，提供遮阴，并且可以有交通平静效果。树需要至少 1.2m×1.2m。它们也是人行道裂缝和水平变化的最常见原因之一。当水量有限时，树根倾向于穿过地面并展开而不是向下寻找新的水源。树枝应保持悬挂不低于 2m。低悬的树枝可能是一种安全隐患，特别是对于有视力障碍而无法检测到它们的行人。行动障碍的其他行人可能难以在其下通行。谨慎选择树型，它们的放置和维护可以为包括行人在内的所有道路使用者提供舒适和安全的环境。

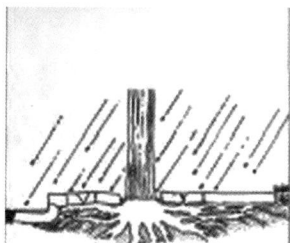

图 6-4-2
当树木没有足够的水时，它们往往会将根部扩散出来，这会破坏人行道的表面

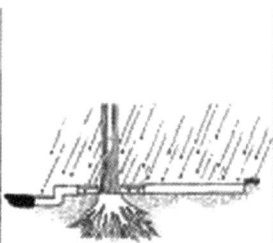

图 6-4-3
种植有格栅的树木比没有格栅的树木更不容易造成人行道裂缝，因为格栅应允许足够的水到达树根

图 6-4-4
这名盲人行人沿着人行道行走，这条人行道上有许多障碍物，使用长长的盲杖难以察觉，因为它们突出到距离地面 70mm 的行进路径上，高度低于 2m

突出物体：

突出到人行道走廊 2m 以上的物体通常不会对有视力障碍的行人造成问题。使用长手杖的行人通常会探测并避开人行道上延伸到 0.7m 以下的物体。然而，突出到人行道通廊中在 0.7—2m 之间并且不延伸到地面的障碍物更难以探测和避免。

有视力障碍的行人通常借助建筑物的边缘线行进。因此，安装在建筑物的墙壁、柱子或侧面的物体不应突出超过 0.1m 进入人行道走廊。

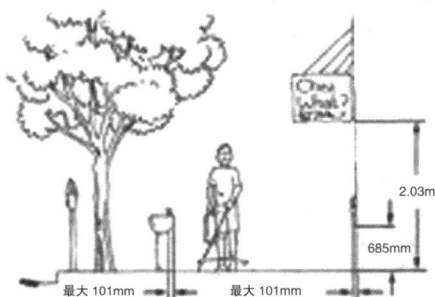

图 6-4-5 失明的行人将更容易在这条人行道上行走，因为没有墙壁或超过 0.1m 的突出障碍物

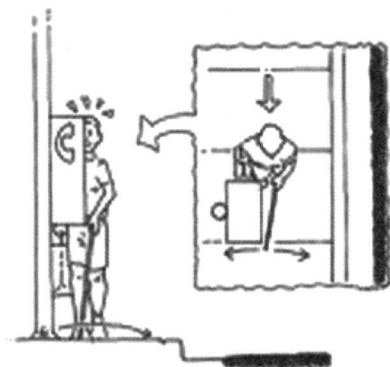

图 6-4-6 潜在的问题：当从侧面接近安装在支柱上的障碍物时，它们不应突出超过 0.1m。这个失明的行人没有检测到杆子，这可能导致他与障碍物发生碰撞

第五节 道路交叉口

车道交叉口为汽车和行人提供与路缘坡道相同的用途。它们由路缘坡道中的许多相同组件组成。设计师要注意，当改变坡度以允许汽车有效地协调街道和人行道之间的高程变化时，需要妥善协调好行人道的设计。然而使用轮椅和其他助行器的行人有时会面临变得不稳定和摔倒的风险。设计不允许人行道的横坡超过 2%。道路交叉口通常建在人行道走廊的坡度变化处，横坡度大于 2%。没有水平面的车道交叉口迫使用户越过人行道渐变段。这种设计导致坡度和横坡的快速变化，轮椅使用者可能失去控制并且可能使前轮悬空而接着是相对的后轮翻倒。有视力障碍的行人可能无法探测到车道渐变段的差异并转向街道，之后可能在没有意识到的情况下进入街道。

不允许这种车道设计，交叉路口必须水平，不要强迫用户在人行道渐变段上行走。这种设计会导致横坡的快速变化，这会影响使用轮椅的人的平衡和稳定性，右前轮悬空，然后是相对的后轮翻倒

图 6-5-1　问题

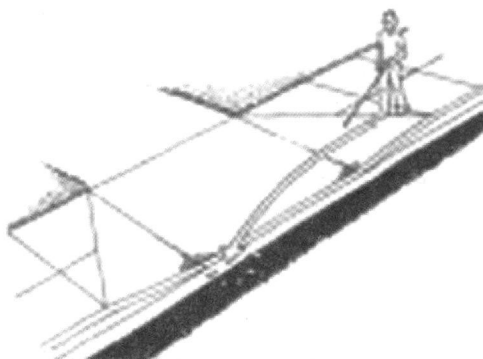

尽管车道交叉口逐渐倾斜对于有行动障碍的人有益，对于有视力障碍的人来说，它们可能会有问题，除非街道边缘的坡度存在可察觉的差异。如果视障人士转向街道并且无法识别车道的终点和街道的起点，他可能没有意识到进入街道

图 6-5-2　可能的问题

车道交叉口的设计应遵循以下原则：

（1）横坡度最大 2.0%。

（2）水平机动空间。

（3）水平变化最大 6mm。

（4）渐变段坡度最大 10%。

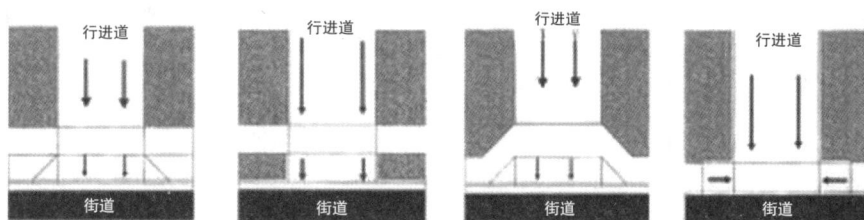

图 6-5-3　良好或可接受的设计实践

第六节　路缘坡道

　　对于使用轮椅的人来说，路缘坡道作为人行道和街道之间的通道是必要的。设计要求对现有设施以及所有新建或改建设施进行路缘坡道的设置。然而，路缘坡道可以对有视力障碍的人创造障碍，他们使用路缘来识别人行道和街道之间的过渡点。由于路缘坡道消除了视力受损的行人使用的路缘的

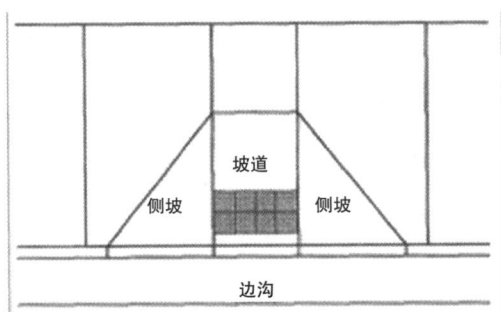

图 6-6-1
路缘坡道组件

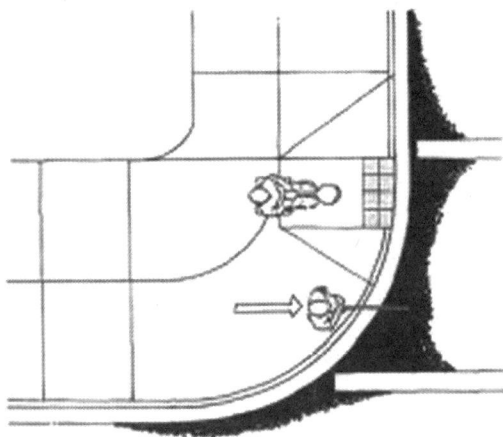

图 6-6-2
好的设计：当人行道中包含一部分路缘石时，视力受损的人更容易发现人行道和街道之间的过渡

垂直边缘，因此必须安装提示盲道以标记人行道和街道之间的边界。对于一些使用手杖、盲杖等助行器的行人来说，路缘坡道可能难以进入。行人必须有力量将他的身体抬高到支撑装置上方。更宽的人行横道允许使用路缘和路缘坡道，这将增强所有使用者的利用性。

　　路缘坡道类型：路缘坡道通常根据其结构设计以及它们相对于人行道或街道的位置进行分类。选择路缘坡道设计取决于场地条件。路缘坡道类型包括垂直式、对角线式、平行式、组合式和凹陷角式。每个路缘坡道类型各有优点和缺点。

表 6-6-1　路缘坡道类型的优缺点

斜坡类型	行人的优势	行人的劣势
垂直式	（1）斜坡与人行横道对齐。 （2）小半径直线的行进路径。 （3）每个转角两个坡道。	可能无法在较大半径转角上提供直线行进路径。
对角线式	不建议	（1）有视力障碍的行人可能将对角斜坡误认为是垂直斜坡，并无意中进入十字路口，因为它没有对齐与横穿方向。 （2）如果半径很小可能会使直行或转弯的驾驶者发生冲突。 （3）引导轮椅使用者进入交叉路口。需要轮椅在斜坡的顶部和底部转动。一个 1.2m x 1.2m 的水平底面是必须的。
平行式	（1）需要最小的通行权。 （2）提供与交叉口对齐的区域。底部路面包含在人行道而不是街道。 （3）允许斜坡延长以降低斜坡坡度。 （4）提供给有视力障碍的行人明确定义的斜坡侧面的边缘。	（1）行人需要协调两个或更多坡度（使轮椅使用者更难）。 （2）设计不当可能导致斜坡底部平台上的水或碎屑积聚。
平行和垂直组合式	（1）不需要在坡道上转动或移动。 （2）斜坡垂直对齐人行横道。 （3）水平活动区域在斜坡的顶部或底部。	视力受损的行人需要通过人行道坡道。
凹陷角式	消除了路缘坡道的需要。	（1）有认知障碍的行人可能有人行道和街道是统一的行人空间的幻觉（即安全）。 （2）不正确的设计可能允许大型车辆行驶到人行道上以进行紧急转弯，从而使行人处于危险之中。 （3）对视力障碍的行人来说更难以检测人行道和街道之间的界限。 （4）服务犬可能无法区分人行道和街道之间的边界并继续行走。 （5）设计可能会促使驾驶者利用人行道快速转弯。

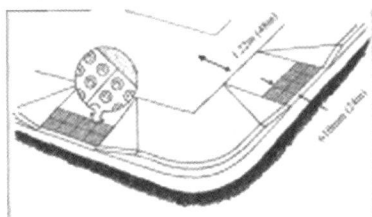

图 6-6-3
良好的设计：坡道顶部至少 1.2m 的
水平路面，必须在垂直路缘坡道的底
部安装 0.6m 的提示盲道

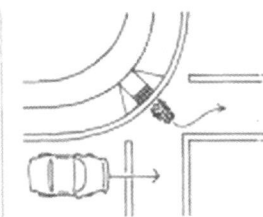

图 6-6-4
不建议使用对角线路缘坡道。
但是，用户必须有足够的空
间来朝人行横道方向移动。
在机动车行驶方向外必须有
1.2m×1.2m 的底层平地

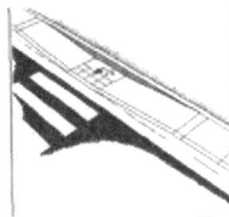

图 6-6-5
狭窄的人行道上的平
行路缘坡道不太好，
但需要行人继续通行
以协调两个坡度

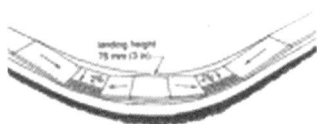

图 6-6-6
在狭窄人行道和宽转弯半径的交叉
口处，应考虑两个平行的路缘坡道

图 6-6-7 不推荐

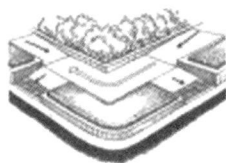

图 6-6-8
平行和垂直组合的路缘坡道
降低了水平面的高度，同时
连接了剩余的高程间隙

图 6-6-9
问题：在凹陷角落使用的装饰图案，例如这
种砖图案，创造了一条连续的通道。有视力
和认知障碍的人很难发现街道的起点和终点

图 6-6-10
提示盲道，收缩表面材料和障碍柱是可用于
传达凹陷角街道和人行道之间过渡的措施。
这个转角是布置无障碍信号的好位置

路缘坡道规格：

（1）坡度：设计允许最大路缘坡度为 8.3%。（推荐为 7%，1% 是容许施工
误差）

（2）坡道上的横坡坡度不得超过 2.0%。

新建筑的坡道最小宽度应为 1.2m。仅在有限的空间内，最小宽度不应小于 0.9m。

当行人从斜坡的下坡行进到排水沟的上坡时，坡度的显著变化会导致轮椅使用者向前倾斜，因此坡度变化应该是 13% 或更少。反向斜坡不应超过 5%。

图 6-6-11
轮椅可以在坡度快速变化的区域（大于 13%）触地。轮椅可向前或向后倾斜

街道　　边沟　　　缘石坡道　　　人行道

路缘坡道线应垂直于路缘面。坡道需要在人行横道内对齐，并且从坡道的顶部到车行道再到另一边的路缘坡道应该有一条直线的通路。

横跨斜坡下部的提示盲道是需要的。斜坡使有视力障碍的行人很难发现人行道和街道之间的过渡。可提示盲道应与相邻的行走表面形成视觉对比。

一个 0.6m 的提示盲道条应设置在路缘坡道的底部，以指示从人行道到街道的过渡

图 6-6 12　好的设计

相邻路缘坡道表面之间的过渡点应齐平。即使是 13mm 的水平变化以及坡度变化也会使轮椅使用者的使用变得复杂。设计不允许路缘坡道开口的出现。

人行道进口宽度应至少为 1.2m。

路缘坡道顶部和底部的水平面应为 1.2m×1.2m，并且任何方向的坡度不应超过 2%。这是允许轮椅使用者离开坡道并进入步行区内的通行路径的必要条件。如果空间有限，绝对最小水平面宽度不应小于 0.9m。然而，在这种情况下，轮椅使用者可能不得不在渐变段的一部分上行进以便从斜坡移动到行进路径上。为了补偿，应该混合渐变段顶部区域的斜坡变形，以便更容易穿过，斜坡宽度不应小于 1.2m。如果水平面在 0.9m 至 1.2m 之间，则渐变段的最大坡度不应超过 8.3%。

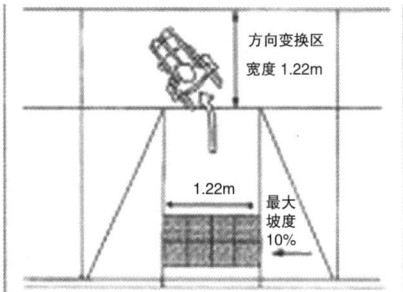

图 6-6-13
这个 1.2m 宽度的路缘坡道为这位轮椅使用者提供了足够的转弯空间。此渐变段的最大斜率应为 10%。在路缘的面上测量

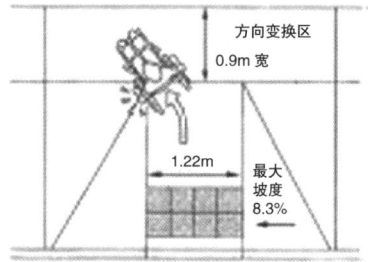

图 6-6-14
该 0.9m 宽的水平面迫使轮椅使用者在一部分渐变段上行进以到达狭窄的平台上。因此，渐变段的最大坡度不应超过 8.3%，并应在顶部附近混合。坡道宽度应加宽至 1.2m，以便更紧密地转向地面

根据所需垂直变化的高度，可以计算 7.1% 斜坡和 8.3% 斜坡所需的最小斜坡长度。

表 6-6-2 不同斜坡坡度的垂直式路缘坡道的长度

竖向变化	坡道长度（7.1%坡道）	坡道长度（8.3%坡道）
0.200m	4.0m	3.2m
0.175m	3.5m	2.8m
0.150m	3.0m	2.4m
0.125m	2.5m	2.0m
0.100m	2.0m	1.6m

该表假设人行道通廊的坡度为 2% 且拐角处于水平位置。长度仅适用于坡道，不包括水平面所需的人行道宽度。

路缘坡道长度由道路与人行道之间路缘的垂直高度决定。假设走廊的横

坡不变为 2%，确定坡道长度的公式为：

坡道长度 = 路缘高度 /（坡道坡度 / 百分比 – 人行道通廊坡度 / 百分比）

其他路缘坡道设计的优秀实践：

（1）将标记的人行横道内的路缘坡道对齐，以便在另一侧有一条直线路径到达路缘坡道。

（2）提供足够的排水系统，以防止坡道上或底部积水和产生碎屑。

（3）通过降低人行道以减小路缘高度来缩短坡道长度以适用于人行道狭窄的区域。

第七节 向行人提供信息

有视力障碍的行人依靠非视觉听觉和触觉提示来行动。环境中的提示包括交通声、路缘坡道的出现、行人信号中的口头信息和声音，以及提示盲道。

为了满足所有行人的信息需求，重要的是提供可以使用多种感觉同化格式的信息。行人信息包括行人标志、无障碍行人信号（APS）—可听音、口头信息和振动触觉信息以及提示盲道。

提示盲道是内置或应用于路面或其他元件的标准化表面特征，以警告视障人士存在潜在危险。

提示盲道应由以正方形网格图案排列的截顶圆顶表面组成。

（1）底座直径为 35mm。

（2）顶部直径为 25mm。

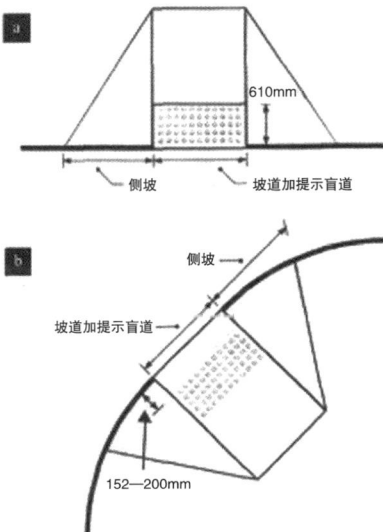

图 6-7-1
路缘坡道应有 610mm 提示盲道（美国访问板可检测警告：合成）

方形布置

盲道触点的高度和直径

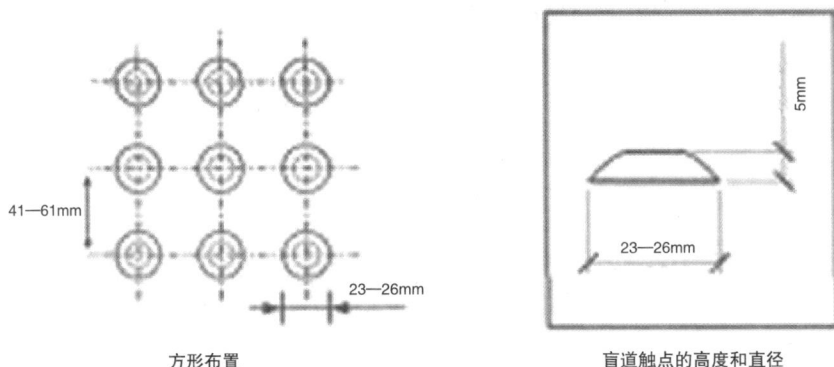

图 6-7-2
对齐的圆顶使得轮子可以在它们之间穿过，更容易让一些轮椅使用者进行协调（Bentzen，Barlow，& Tabor，2000）

（3）高度为 4mm。

（4）中心间距为 50mm。

（5）明暗或暗光与相邻行走表面的视觉对比。

盲道与地面铺装材料的对比度应在 70% 以上。

提示盲道应放置在路缘坡道的底部和其他位置，如凹陷的转角、凸起的人行横道和凸起的交叉口、安全岛和导流岛的边界。在运输平台的边缘，铁路轨道穿过人行道，以警告有潜在危险的视觉障碍的人。必须在整个斜坡宽度上安装 0.6m 宽的提示盲道。提示盲道应从路缘石底部调整为 0.15—0.2m。

图 6-7-3
应在路缘坡道的底部安装一条 0.6m 的提示盲道，以指示从人行道到街道的过渡

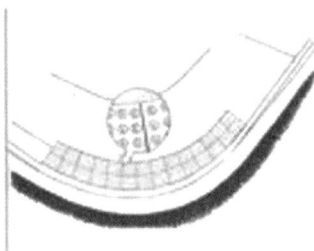

图 6-7-4
应在凹陷角的边界处安装 0.6m 的提示盲道，以识别人行道和街道之间的过渡

图 6-7-5
应在凸起的人行横道边缘安装一条 0.6m 的提示盲道，以识别人行道和街道之间的过渡

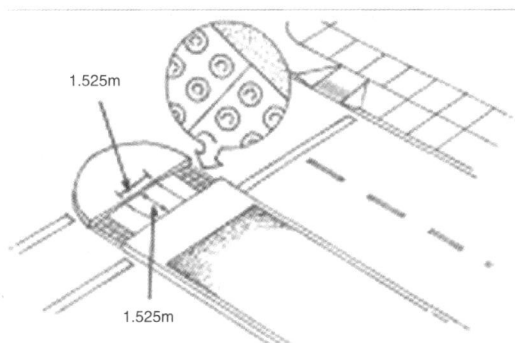

图 6-7-6
斜坡的中央应该具有 1.5m 水平面

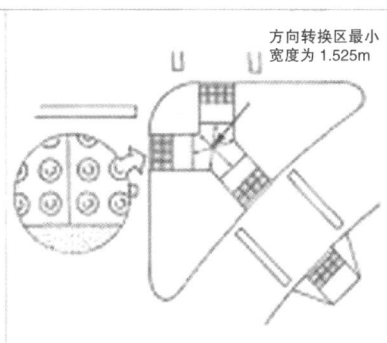

图 6-7-7
斜坡岛应包括提示盲道并具有水平面

这允许轮椅使用者在穿过截头圆顶之前获得动量。它为行人提供视力无障碍，以便在他们到达街道之前对提示盲道做出反应。应提供与提示盲道相邻的光滑表面，以最大化对比度。砖和其他纹理表面会影响行人探测截顶圆顶警告的能力。

凹槽不能布置提示盲道，行人很容易将它们与人行道上的人行道伸缩缝或裂缝混淆。

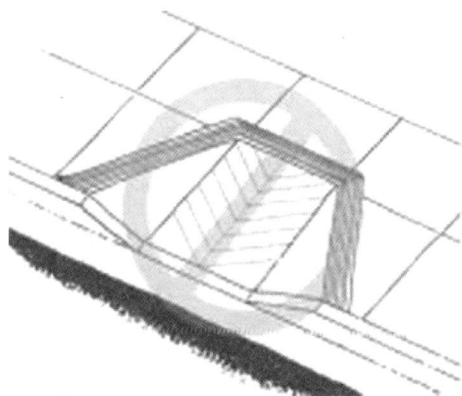

图 6-7-8　潜在问题：凹槽不同于提示盲道，因为它们在脚下无法探测到

20 世纪 90 年代以后道路设计大多考虑方便残疾人的使用。语音消息可以提供有关信号周期状态的标准信息（可行、不可行）。还可以包括有关位置、行进方向和要穿越的街道名称的信息。红外或发光二极管（LED）发射器可

以向个人接收器发送语音消息。除了以多种格式提供信息之外，行人信号装置的物理设计、放置和位置可供具有视力和行动障碍的行人使用。

无障碍行人信号（AP）：

（1）将按钮设置在尽可能靠近路缘坡道的位置，而不会干扰空间。

（2）设备应在水平面下操作。

（3）将设备安装在人行道上方不超过 1.0m 处。

（4）按钮的控制面应与标记的人行横道方向平行。

（5）每端一个按钮，推荐每个按钮相隔 3m。

（6）将设备放置在距离路缘不超过 0.76m 的位置，距离人行横道不超过 1.5m。

（7）按钮的直径应至少为 50mm，以便于手动操作受限的行人轻松操作。避免使用需要导电性的激活按钮（行人用假肢不能使用）。

（8）启动按钮需要最小的力不大于 15.5 N 或 3 lbf 来激活。

第八节　人行横道

设计良好的人行横道涉及行人元素的正确布局，包括：信息（标志、行人可用/交通信号、标记）、转弯半径、可见的人行横道（包括凸起的人行横道）、足够的穿越时间、中央分隔岛、安全岛、导流岛及带有提示盲道的路缘坡道和路缘延伸。它还涉及仔细考虑足够的视线、交通模式和交通信号相位。其他技术，如限制右转、行人引导时间和交通安全措施，将使所有的行人会有所受益。禁止在拐角处停车可以改善视线受阻。

中央分隔岛：中央分隔岛通常会减少交叉口的危险性，并允许行人每次只需注意一个方向的交通车辆。应该限制中央分隔岛或利用安全岛将行人和驾车者分开，而不是在一起。此外，行人应能利用到所有中央分隔岛。中央分隔岛的端部应该延伸到人行横道之外。如果设置切口，它应至少长 1.8m、宽 1.5m。这允许两名轮椅使用者同时通过。此外，切口的边缘必须垂直于交叉的街道。

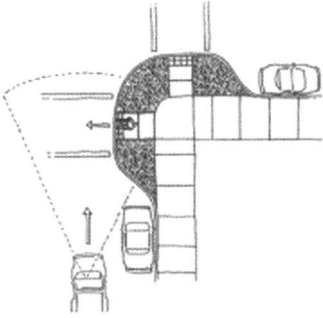

图 6-8-1
路缘延伸部分提高了行人和驾驶者之间的视野，并且可以更容易地安装有水平面的垂直路缘坡道，禁止在拐角处停车的规定也可以改善阻挡视线

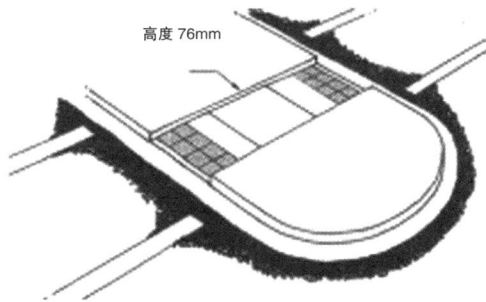

高度 76mm

图 6-8-2
良好的设计：该中央岛的高度不超过 70mm。这种设计允许构造更短的路缘坡道和更长的水平面

斜坡中央两端应有一个路缘斜坡，水平面至少 1.5m × 1.5m。对于所有中央岛，切口或坡道上，应在入口和出口处设置一条 0.6m 的提示盲道。

导向岛：导向岛本身的设计类似于中央岛。该岛应该升起并设计有路缘坡道或行人穿越口。如果选择直通式设计，则应在所有方向上提供至少 1.5m 的净空间。此外，岛上的每个出口点都应包括 0.6m 的提示盲道。

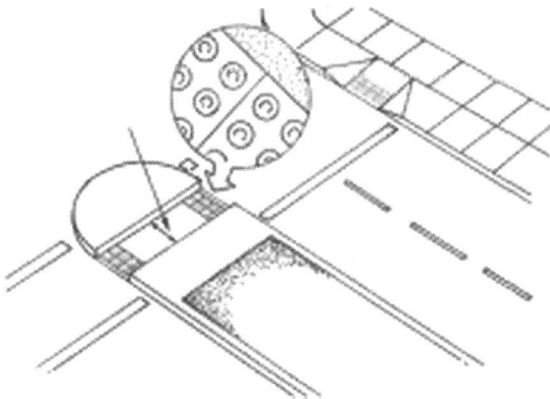

图 6-8-3
中央岛的切口应至少为 1.5m 宽，两端应包括 0.6m 的提示盲道。

103

导向岛坡道：设计应包括至少 1.5m 宽（推荐）、1.5m × 1.5m 水平面和提示盲道的路缘坡道。

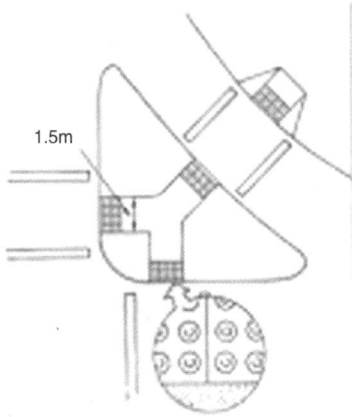

图 6-8-4
带有切口的导向岛每处应至少为 1.5m，包括 0.6m 的提示盲道

第七章

城市公共交通

第一节　城市公共交通的构成

一、城市公共交通系统的构成

城市公共交通是涵盖多个层次的综合系统，它由常规公共交通、快速轨道交通（Mass Rapid Transit）、BRT 系统、辅助公共交通和特殊公共交通五部分组成。在西方国家还将"多人合乘小客车"（Carpool）包括在内。

常规公共交通包括公共汽车和无轨电车，其主要特点是运量适中（一条线路的单向客运能力一般为每小时 8000—12000 人次），速度较慢（理想条件下可达 25km/h，一般条件下为 15km/h 左右）。

中运量公交包括单轨、现代有轨电车、快速公交系统、中低速磁悬浮和个人快速公交。BRT 全称 Bus Rapid Transit，中文翻译为"巴士快速公交系统"。BRT 是利用改良型的公交车辆运营在公交专用车道上，在道路时空分配上给予适当的优先权，可以称作除常规公交和轨道交通之外的第三种公共交通方式，同时也是当前国际上推广的一种公共交通方式。

城市轨道交通包括地铁（Rail Rapid Tranist，RRT 或 Metro）、轻轨（Light Rail Transit，LRT）、单轨和新交通系统（AGT）等，还包括高速列车（如磁悬浮列车）。根据运量大小可分为大运量快速轨道交通和中运量快速轨道交通。根据营运范围可分为城市地铁、城市轻轨和市郊铁路。顾名思义，大运量快速轨道交通具有运量大和速度快两大特点。地铁单向运送能力一般为每小时 30000—70000 人次；轻轨单向运送能力为每小时 10000—30000 人次；大容量快速轨道交通由于具备独立封闭的路权，行驶速度要比混合路权状态下的常规公共交通快很多，其行驶速度主要受线路条件、设备水平和运输组织等因素的限制。一般地铁的行驶速度可以达到 40—60km/h，轻轨可以达到 30—35km/h。

辅助公共交通包括小公共汽车、出租汽车和三轮车等各种交通载体，它是常规公共交通和快速轨道交通的补充。

特殊公共交通包括轮渡、水运交通和索道缆车等各种交通方式，它在特殊条件下采用。

自20世纪90年代中期开始，上海城市规模、空间和交通系统经历了近20年的高速拓展期。人口总量和城乡建设用地规模均提前10年突破原有总划目标（2020年）；市域空间结构出现较大调整，虹桥商务区、世博园地区、大浦东地区、滨海发展带、外围新城等都属于规划调整后内容；集中连片发展地区从规划控制的中心城（642 km²）突破到中心城及周边地区（约1250 km²），昆山等近沪毗邻地区呈现连绵发展态势；居民购买能力和意愿不断提升，个体交通工具拥有水平超出规划预期。人员出行需求和车辆出行需求均提前10年左右达到远期规模；在出行结构中，公共交通方式比例与预期差距较大（尤其是公共汽电车发展滞后明显），依赖道路交通资源的个体机动车和出租车比例已达到或超过远期控制水平，交通结构转型压力依然较大。

二、地面常规公交

1.地面常规公共交通的定义

地面常规公共交通指与其他车辆共用道路空间的汽车和无轨电车线路。通常有固定的停靠站、行使线路、时刻表、票价。

2.地面常规公共交通系统的系统组成

公共交通系统主要由车辆、线路、站点设施组成，并包括专用的停车场、维修厂、调度管理中心等。

（1）车辆：常规公共交通的载运工具为汽车和无轨电车，以运营车辆为主，配备维修车辆。

（2）站场：线路沿线各类站点和候车设施、终点站、停车设施、修理场等。

（3）线路与网络：一组车辆按确定的路线、时刻表行驶，停靠规定车站，形成线路。若干条线路形成城市的公交线路网络。

（4）其他设施：配电站、调度管理站、调度指挥中心、通信与监控系统。

三、中运量快速公交

我国《城市公共交通分类标准》（CJJ/T114-2007）中，依据公共交通客运能力将公共交通分为大运量、中运量、低运量。其中，大运量公交包括地铁、轻轨、市郊铁路和高速磁悬浮，中运量公交包括单轨、现代有轨电车、快速公交系统、中低速磁悬浮和个人快速公交，低运量公交包括常规公交和出租汽车。

中运量公共交通系统指单方向断面最大运能 10000—30000/h 之间、平均运行速度在 25km/h 以上的系统模式。相对于大运量与小运量公交车，中运量有其广泛的适应性：较大运量轨道交通投资小、建设期短、灵活度高，同时。较常规公交可靠性高、舒适度好。

按照不同的分类方式，可将中运量公共交通从以下五个方面进行划分。

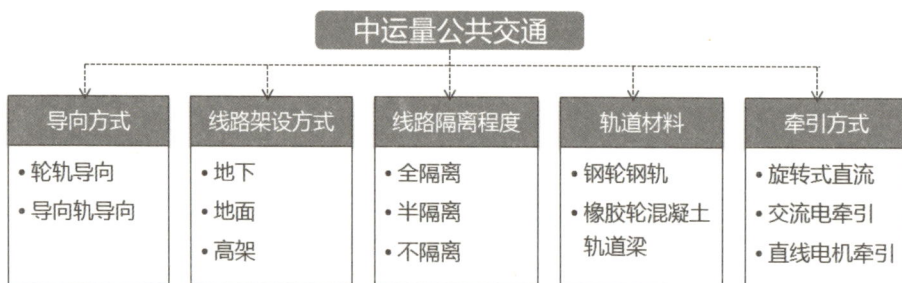

图 7-1-1　中运量公共交通的分类

上海 71 路中运量公交案例

在内环—外滩段，轨道交通"南北疏，东西密"，形成了一条东西向的"轨道交通服务薄弱带"，需要较高运量公交补充。

图 7-1-2　上海延安路交通拥堵状况

原延安路路段在路侧设置高峰公交专道，但有60多条公交线路，重复率高、线路相互影响，延误速度准点率低，导致效率低下、服务质量低下等问题，还影响了整个路段其他车道的交通运行，常规公交急需升级转型。

四、轨道交通

轨道交通一般指城市轨道交通和城际轨道交通。依据《中华人民共和国国家标准 城市轨道交通技术规范》（GB 50490-2009），"城市轨道交通"的定义是："采用专用轨道导向运行的城市公共客运交通系统，包括地铁系统、轻轨系统、单轨系统、有轨电车、磁浮系统、自动导向轨道系统、市域快速轨道系统。"其英文名为"Urban Rail Transit"。

城市轨道交通系统的运营方式可大致分为两种。一是由政府或自治团体来兴建、营运，被称为公营。另一个则是由民营企业兴建、营运，是为民营。同时还存在着第三种营运方式，经营者虽然是民营企业，但出资者则是公营团体，即PPP模式，这在欧洲和日本较常见。由于兴建城市轨道交通需要大量资金，主要资金来源为政府提供，或向银行借贷。自香港铁路有限公司以地产（主要为车站/车场上盖发展为地产项目）补助铁路营运模式获得成功后，各地已有不少城市轨道交通公司仿效（如深圳地铁集团）。这种模式以政府提供车站或车场地皮，作为交通系统的兴建资金来源，由城市轨道交通公司寻找地产开发公司合作开发上盖项目。

第二节　城市公共交通对城市发展的意义

一、公共交通优先战略

进入21世纪后，公共交通优先发展成为国家层面的城市发展基本战略，陆续出台了一系列相关政策和指导文件。2002年，上海发布了国内第一部交通发展白皮书，将公共交通优先发展作为上海城市交通的核心战略之首。近

20 年发展中，为更好促进公共交通系统发展水平和服务质量，上海陆续出台了一系列政策、规章，开展了多轮交通行业管理改革，为公交优先发展提供了较好保障。

2004 年，原建设部出台《关于优先发展城市公共交通的意见》，将公共交通优先发展提升为城市发展战略高度；2005 年 9 月，《国务院办公厅转发建设部等部门关于优先发展城市公共交通意见的通知》（国办发〔2005〕46 号）下发，第一次以国务院文件的形式强化了实施优先发展公共交通战略的各项要求。在落实优先发展城市公共交通战略的进程中，相关部委出台了一系列相关的办法，涵盖了公共交通发展的战略、规划、管理、财政、用地、经营、改革等多个层面，形成了明确的优先发展公共交通政策体系。此后，我国国民经济和社会发展"十一五"规划纲要提出了"优先发展公共交通，完善城市路网结构和公共交通场站，有条件的大城市和城市群地区要把轨道交通作为优先领域，超前规划，适时建设"。2012 年，国务院《关于城市优先发展公共交通的指导意见》（国发〔2012〕64 号），再次强调了公共交通优先发展对我国城镇化战略的重要性，并对公共交通发展用地和综合开发等方面制度改革给出了指导性意见。

在公共交通建设用地方面，原建设部 2005 年颁布了《城市黄线管理办法》，强化了对城市交通设施用地的保护和控制，将城市公共交通用地、城市轨道交通用地、城市交通综合换乘枢纽等城市公共交通设施纳入了城市黄线的控制范围，明确规定城市黄线应当在制定城市总体规划和详细规划时划定，一经批准，不得擅自调整，在城市黄线内进行建设，应当符合经批准的城市规划。

在财税和投资方面，建设部、国家发改委、财政部、劳动和社会保障部于 2006 年联合颁发了《关于优先发展城市公共交通若干经济政策的意见》（建城〔2006〕288 号），要求加大城市公共交通投入，建立低票价补贴机制，认真落实燃油补助及其他各项补贴，规范专项经济补偿，维护职工合法权益，稳定职工队伍，加强领导，落实责任，确保行业稳定，并制定了相应的措施。

在公共交通企业运营和改革方面，建设部 2004 年颁布了《市政公用事业特许经营管理办法》（建设部令第 126 号），对公共交通行业特许经营的实施原则、准入条件、评审程序、协议内容、监管办法进行了详细说明，并明确规定了各级政府主管部门和经营企业在特许经营招投标、评审、运营和管理各个环节中的权利、责任、义务。

在公共交通法规建设方面，原建设部起草了《城市公共交通条例（征求意见稿）》，2007 年国务院法制办公室公开向社会各界征求意见。2012 年 12 月《国务院关于城市优先发展公共交通的指导意见》出台后，交通运输部配合国务院法制办，对拟定中的条例内容进行了多轮修改完善。2018 年 1 月 1 日《城市公共交通条例》正式出台。

二、公共交通促进绿色城市

所有的经济活动，包括交通，对生态环境都会带来有害的影响。尽管公共交通也会影响环境，但按人公里计算，对环境的损害要比小汽车小得多。高峰时按人公里计算，公共汽车碳氢化合物（CH）的排放量为小汽车的 17.1%，一氧化碳（CO）的排放量为小汽车的 6.7%，氧化氮（NO 或 NO_2）的排放量为小汽车的 17.4%。如果采用电车，则几乎没有对大气的污染。法国研究报告指出，按一次出行计算，私人小汽车污染造成的社会成本为公共交通的 10 倍以上。

噪声同样对城市环境带来严重影响，欧美国家估计有 1 亿人遭受道路交通噪声（65db 以上）的困扰，显然小汽车是噪声的主要来源。法国有关部门估计，城市噪声对社会造成的损失费用折合每年约为 500 亿法郎。

因此，优先发展公共交通，可以减少拥有控制大气污染和改善噪声水平的支出，减少由于大气污染和汽车噪声引起疾病的医疗费用，避免由于污染造成的劳动生产率的降低等。

至 2040 年，上海即使不考虑能源效率的提高，也必须实现人均城市客运交通能耗削减 30% 左右（不含航空、铁路等对外交通能耗）。同时，不考虑能源消费结构变化，人均温室气体排放减少 25% 以上；考虑公共交通使用 50% 清洁能源、其他机动化使用 10% 的清洁能源情景下，实现人均温室气体排放减少 45% 以上，在规划期内实现城市客运交通能耗与排放总量至少 30% 的削减。

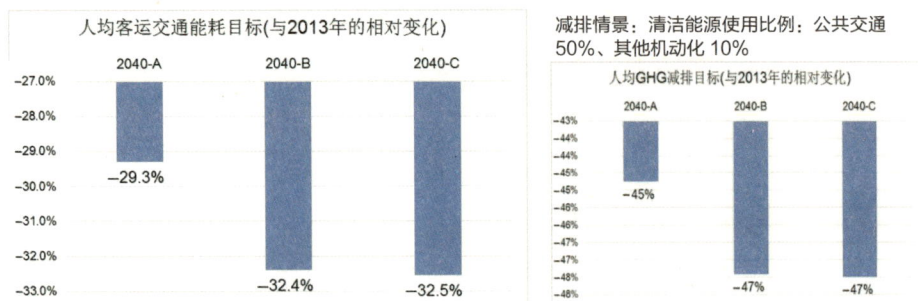

图 7-2-1　人均能耗与排放指标

三、公共交通体现社会公平

在现实社会中，由于利益的多元化，矛盾和冲突是不可避免的。这就要求政府在价值权衡基础上进行利益综合，即使不能符合所有人的利益要求，也要符合社会的总体利益。在公共交通与私人交通的比较中，公共交通由于对道路资源的高效利用，对解决因道路资源有限而产生的城市交通问题，有着不可替代的作用。因此，公共交通优先符合社会总体利益。公共交通优先作为一种公共政策选择，其主要目的之一就是要改变城市交通现状中的不公平现象。

对于困难人群的出行需要，长期以来都没有得到足够的重视，或者说只有理论上的重视，没有实践上的重视。通过公共交通，最大限度地解决困难人群出行的需求，不仅可以给他们的就业提供机会，还可以提高他们的生活质量，从而更好地体现社会公平。

从公平问题的角度看，公交用户作为相对弱势的群体，如果政府能通过某种基础设施的建设或者政策的制定来帮助这类群体缩小与强势群体的差距，可以认为这样的行动是有助于公平性的。轨道交通建设不但缩小了这种差距，甚至在一定程度上超越，就可以认为是完成了一项公平性的巨大进步。同时，公交优先作为绝大多数中国城市的基本城市交通战略，都是这种公平观点的体现。更重要的是，公平与效率的问题在很多时候都是处于矛盾中的，而在公交优先的问题上，尤其是轨道交通的作用，是同时大幅度促进了公平和效率。

公交用户虽然是相对弱势的群体，但是在我们的社会中还有更加弱势的底层群体。这些群体中，有一些依然认为轨道交通的价格明显高于普通公交，所以选择成本相对更低的方式。这是由于政府的轨道交通定价策略决定的，上海和伦敦的轨道交通都是采用较高定价策略来平衡运营成本，并且调节客流拥堵情况，如伦敦采用轨道交通高峰票价机制。而北京、广州采用的是典型的低票价机制，基本上接近普通公交定价，来吸引更多的客流。所以轨道的交通定价，直接影响了这一系统对于享受人群的覆盖水平。当然良好的接驳环境，也能扩大轨道的服务半径，弥补其门到门的可达性低的劣势。

无障碍交通也是展现社会公平的重要方面，是对社会弱势群体的关心。在 1950 年，欧洲各国对于"身体残障者方便使用的公共建筑物设计及建设"进行开会决议。1961 年，第一个无障碍法规《无障碍标准》于美国诞生。我国在建设无障碍公共交通设施上起步较晚，1986 年 7 月才颁布第一部倡导意义的政策《方便残疾人使用的城市道路和建筑物设计规范（试行）》，但是并不具备法律效应。直到 2012 年 6 月 3 日《无障碍建设条例》的出台，才终于让我国摆脱了无障碍专项法规无法可依的历史。

四、高品质公交可达性的需求

公交时间可达性与覆盖便利性是城市居民对于高品质生活的全新要求。

以上海为例，按照出行时间约束，未来必须进一步改善公共交通服务的时间可达性和空间覆盖的便利性。在时间可达性方面，提出"门到门""60、80、100"的服务目标。

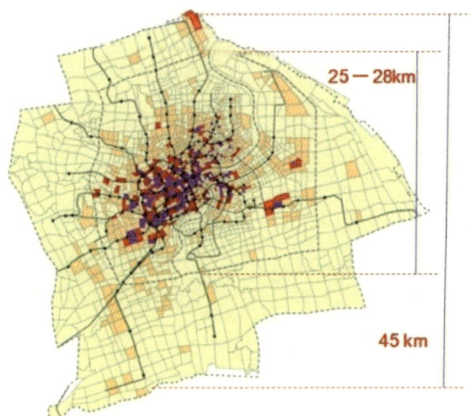

25 — 28km

45 km

图 7-2-2　空间尺度范围与可达性要求

外环线以内（640 km²）实现 85% 的公共交通出行 60min 可达，要求 33—37km/h 的运送速度。

集中建设区（约 1250km²）实现 85% 的公共交通出行 80min 可达，要求 45km/h 的运送速度。

市域范围（6340 km²）85% 的公共交通出行 100min 可达，要求 90km/h 的运送速度。

在覆盖便利性方面，通过设施建设和聚集发展策略大力改善"门"到公共交通设施的便捷性。具体目标如下：

95% 居民从"门"到常规公交站点步行时间不超过 5min；

70% 居民从"门"到轨道交通站点步行时间不超过 15min；

集中建设区和新城核心区公交站点 300m 半径覆盖 95% 的人口和岗位；

集中建设区内轨道站点步行 1km 范围覆盖 70% 人口和 70% 岗位；

新城核心区轨道站点步行 1km 覆盖 60% 人口和 60% 岗位。

第三节　公共交通线网规划

城市公共交通为各区域（如居住区、工作地点、对外交通枢纽、市中心区等）之间的居民提供良好、方便的乘车条件，最重要的要数公共交通线网场站的规划和设计。线网布局决定公共交通运营服务的范围，决定网点分布和相互之间的衔接交替。线网规划的水平，是衡量公共交通发展程度、服务供应能力和运营服务质量的重要标志。对于以固定线路为主的公共交通系统而言，尤其如此。

一、公共交通线网布设的原则

公共交通线网由若干线路和车场组成。线网布设要遵从以下的三个原则：

原则一：满足乘客的需要原则。

乘客对公共交通的要求是以一定时间、地点和条件为转移的。不同的乘客有不同的要求。统一乘客在不同时间的要求也不一样。比如一些居民搬进新建住宅区，离公交车站较远，就要求将公交线路延伸进新区；有了一条线路后，有些居民为了换乘次数少，又要求多辟几条线路；而后，部分居民还要求多设些车站；再往后又会提出新的要求，这是正常现象。居民不断提高的乘车需要，正是公交企业随时随地要加以调查研究的，而且要作为公交运营服务的重大问题，经常注意改进和解决。

原则二：适应城市发展原则。

随着现代化建设的进程，城市不断扩大，对公共交通的要求越来越高。公共交通线网的布设要遍及城市各个区段，依据不同区段的用地特征和人口规模，布设不同类型线网。

原则三：尽可能利用城市道路原则。

城市道路是公交线路的依托。公交线路通行能力取决于所选道路的通行能力。公交线网应尽量均匀地布设在各条道路上。一则使线网密度增加，二则增加了线网的客运能力，三则可避免不必要的走向弯曲，使乘客花最少费用和最少时间，在最短距离内完成出行。

二、公共交通线网的类型

由几十条，甚至几百条线路组成的公共交通线网，是从总体角度解决一个城市或地区居民的乘车需要。因此，要用全局观点来衡量客流状况，选择通行能力最大、线网密度最佳、居民步行时间最短的线网类型。公共交通线网类型通常有几种：

（一）设有中央首末站的放射型线网

在旧式城市，居民的活动大多集中在市中心区，形成从商业闹市区到市郊、市区外围相邻各区之间的放射形公交线网。这种线网的好处是，有可能为任何地区组织方便的公交服务，各区域居民可以直达地往返于市中心地区，做不多于一次的换乘就能完成出行。但是它也有两个明显的缺点：第一，对于切线状的出行，带来迂回和多次转车的困难；部分经过市中心区的乘车必须转车换乘，增加了公交车辆的上下交替频率。第二，要求市中心区有足够的基地用于回车和存车，增加了城市用地的紧张，且容易因前期市中心区客流集中，影响道路的通行能力。因此，在规模较小的城市中，采用穿越市中心区的直径线有两个好处：一是能减少换乘次数；二是不需要在市中心商业区设立大型首末站，能节约宝贵的土地，并有利于市中心区的交通组织和管理。

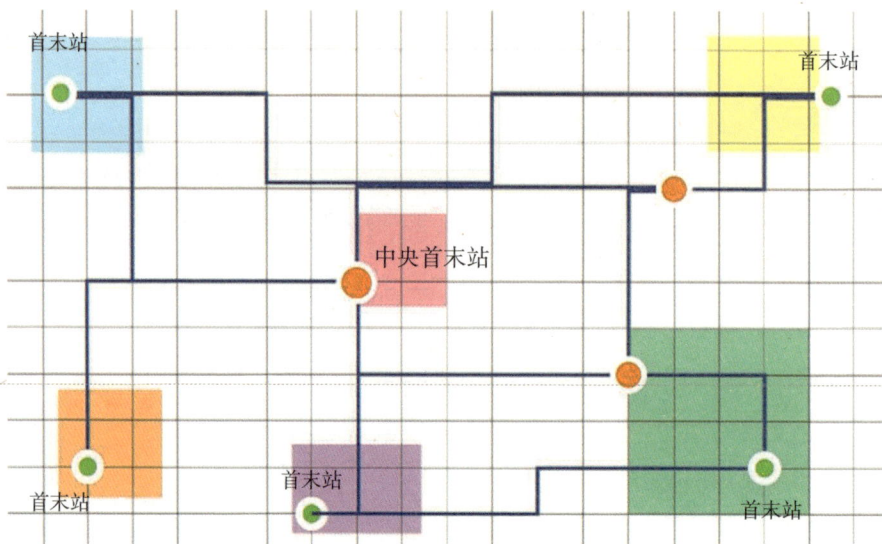

图 7-3-1　设有中央首末站的放射形线网

（二）棋盘形线网

棋盘形公共交通线网的特点是比较规正整齐，平行线路按一定的规则和间隔布设，并与具有类似特点的线路相互交叉。对于公共活动中心分布较广的城市或地区来说，棋盘形线网的主要优点在于：第一，乘客只要换一次车便可以从任何一个地方到其他的任一地区，而不必通过人为的中心点或集散点。第二，乘客的集散点可以分散，公交车辆的回车、存车用地可以放在市区边缘地带，容易争取到土地。但是棋盘形也存在缺点：其一，在一个纯粹的棋盘形线网上，大部分乘客都要换一次车（除非部分直线乘车的居民），交叉对角线方向的交通不便；其二，棋盘形线网密度大，交叉口多，城市闹市区容易引起拥堵。

要使棋盘形线网更好地发挥作用，最好的办法是提高所有线路的发车频率，为几个关键地区的连接提供充分的交通便利。在人口密度低、居民出行少、不需频繁发车的地区，不宜布设棋盘形线网。

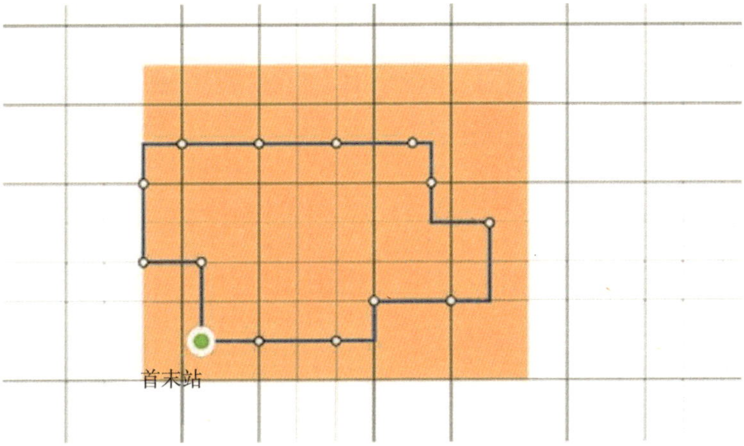

图 7-3-2
棋盘形线网

（三）交叉放射形线网

这种类型的线网既有棋盘形特点，又有放射形优点。它能为商业文化闹市中心乘客集散点提供更多的线路，为城市若干重要中心提供直达交通条件。同时，又有与棋盘形一样的灵活性，为路远的地区提供交通方便。

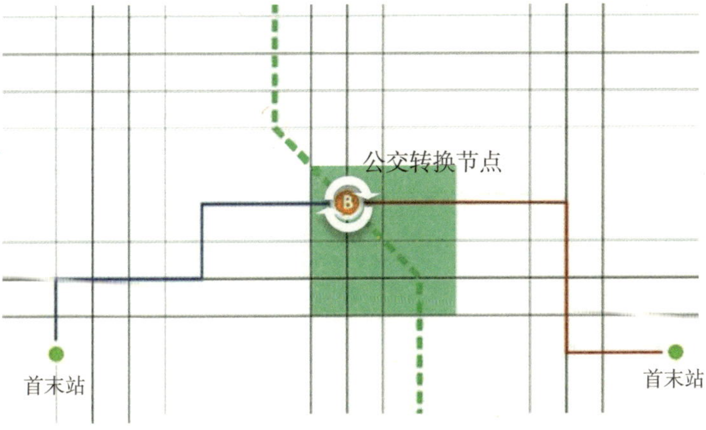

图 7-3-3
交叉放射形线网

（四）干线和驳运线相结合的线网

这种类型的线网由两部分线路组成，一是主干线，即在主要干道上布设的公交线路。这类线路一般客运量大，配车多，行车频率高，线形较直。二是驳运线，即用来运送边缘地区的职工、居民至公交主干线的公交线路。这类线路一般全日客运量少，配车不多，行车间隔时间较长，线形也允许适当的弯曲。布设驳运线有各种因素，如地形上的屏障，居民密度低、客流少的特殊地区。其优点是能提高客位利用率，缺点是多数乘客要中途换车。这种类型的线网一般用于有轨道交通的城市。

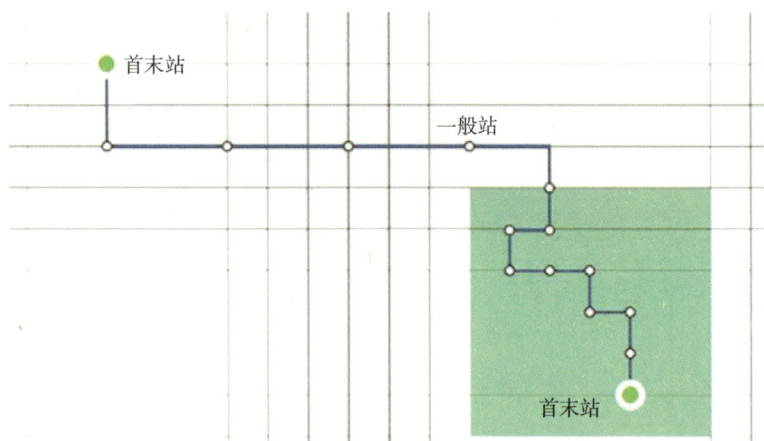

图 7-3-4
干线和驳运线
相结合的线网

（五）混合型线网

混合型线网系统是结合城市的地理条件，由几种类型线网组合而成。如上海的公交线路在解放前夕已有44条。解放后，由于工业与其他建设的发展，城市向四面八方扩大，吴淞、彭浦、桃浦、真如、南翔、吴泾等地区已先后发展，配合工业与居住区的建设，上海外围的道路逐步发展，构成上海外围道路系统，由此道路条件布设的公交线网也就成了混合型。

这几种类型的路线包含着一些共同的特征，因此，实际上不可能将它们相互对立地看待，并按其履行的职能截然划分。

三、公共交通线网密度

（一）公共交通线网密度的定义

公共交通线网密度是指在单位面积城市用地上，有公交线路的道路中心线长度，包括重复公交线路。线网密度是反映公共交通线网系统服务能力、服务质量的一项重要指标。因此，选择合理的线网密度是布设线网的重要环节。

线网密度（δ）的计算公式为：

$$\delta = \frac{L_\text{网}}{F} \ (\text{km/km}^2)$$

式中：$L_\text{网}$——有公交线路的道路中心线长度（km）；

F——城市用地面积（km^2）。

（二）现实道路条件

道路条件是公交线路布设的物质基础。道路条件有路基、路幅、道路通行能力、交通物理条件等。一般说来，道路条件是决定性的因素，有什么样的道路就决定什么类型的线路线网。但在一般条件下，公共交通也有决定性作用，特别是有轨电车，在城市建设初期，曾起到先决的积极的作用，这为国内外的经验所证明。在城市扩建阶段，公共交通的要求常常是城市规划考虑的首要因素。因此，公交企业在规划线网时对道路条件要有相当的主动权，应该充分利用。

（三）客流资料

公交线路的布设目的，是为乘客提供固定和长期的公交服务设施，如果新辟的公交线路沿途没有乘客，或乘客不多，或乘客流向不对头，那么对公交企业来讲，既不能满足乘客的需要，又浪费了相当的车辆和设施。于国家、企业、乘客都是不利的。可见，对客流资料的了解和掌握，是规划最佳线路线网的首要条件。

四、公共交通线路规划

（一）公共交通线路规划一般原则

以固定线路组织营运的公共交通，线路安排是一项基础工作，它对营运服务质量有直接作用。线路规划和组织包含的内容有线路条数、线路长度、线路类型、线路走向等。这里讨论一般原则。

线路平均长度常按照城市大小和形状来考虑，也可以参照线路上乘客的上下车交替情况来定。通常大城市线路长度约等于城市半径，中小城市多为直径线。对乘客而言，线路长度为平均乘距的2—3倍，即10—15km，如此有利于乘客和公交企业双方。郊区线路的长度视实际情况而定。快速轨道交通的线路长度不宜大于40min的行程。

有了此控制值，就能根据客流调查分析图规划线路，在每个客流主要方向沿着道路设置一条公交线路。但在市内某些地区（如市中心区或通向工业区的地段），尤其在上下班高峰时间，客流量往往超过一条线路的最大运载能力。这时，可根据具体情况，在同一条道路上设置重复线路或区间车，也可以在相隔一定的距离的道路上设置平行的线路。

线路长，终点停车时间显著减少，因而营运速度也提高。从这一角度看，线路长对公交运能的利用和成本的降低是有利的。

（二）线路的曲折系数

公交线路的曲折系数是线路实际长度与空间长度之比。环形线路的非直线系数是由线路上的主要枢纽点来衡量的。为了节省乘客的车内时间和减少不必要的客运周转量，线路走向要符合客流的流向。

线路的曲折系数有一定的幅度，过大或过小，无论对乘客还是对公交企业，都是不利的。曲折系数大，会增加乘客的车内时间，使客流在断面上运载不均，同时降低车辆的周转速度，遇到阻塞，行车秩序很难恢复，特别是在复杂的交通枢纽点，通行能力降低，营运调度失灵。曲折系数过小，线路客流也会减少，增加换车次数。根据经验，线路的曲折系数控制在 1.2 左右较为适宜，最大不超过 1.4。

在新城市规划道路系统中，要考虑客流的流向和流量。对于旧城市的公共交通线路，也要尽量避免迂回曲折，必要时可以通过技术经济比较，对道路、桥梁做技术改造。

（三）线路的重复系数

公交线路的重复系数（μ）是公交线路总长度与公路线网总长度的比值。

$$\mu = \frac{L_{线}}{L_{网}} = \frac{L_{网}}{F\delta} \geqslant 1$$

在公交线路总长度已定的情况下，重复系数与线网密度成反比。公交线网密度受道路网密度的制约。在城市中，往往因道路网太稀，使公交线网达不到适宜的目的，从而导致线路重复过多。若这些线路的车辆发车频率之和大于站点的通行能力，将导致道路交通堵塞。因此，在城市规划和建设中，应为公交提供较密的道路网，以便布设线路。

（四）线路的类型

公交线路根据营运时间、选用车辆、所起作用等的不同，可以分为以下几种类型的线路。

按运营时间可分为全日线、高峰线，有三班制工作的城市（尤其是大城市）还有夜宵线。

全日线路——营运时间在早晨4点至深夜12点。它是公共交通主要线路类型。全日线纵横贯穿，四通八达，担负着绝大部分的客运任务。

高峰线路——营运时间在早高峰数小时内。客运交通的一个显著特点，是早、晚两大高峰。在以上下班交通为主的城市，高峰更加突出。此时全日线路已不能适应高峰乘客需要，需布设专门的高峰线路，为职工上下班乘车服务。高峰线路主要连接大型住宅区、人流集散点与工业区。它采用跨线联运、大站停靠、远程直达而使车速提高，周转加快，转车减少，对解决长距离大客流出行、减少职工乘车时间成效明显，颇受市民欢迎。高峰线的缺点是时间和方向的不平衡系数过大，需统筹安排。

夜宵线路——行驶时间在深夜12点至凌晨4点左右。连接火车站、码头、工厂、住宅、医院等地点，满足市民上夜班、旅客赶火车、居民就医等夜间乘车需要。随着市民生活水平的提高，夜间出行增加，夜宵线路需要有一定的网络。夜宵线路网密度低，发车间隔时间长，但仍可到达全市各地。

第四节　公共交通场站规划

公交场站包括线路的首末站、中途站和枢纽站及车辆的保养场和中心停车场等。首末站、中途站、枢纽站是标定公交线路空间边界，保证公交系统正常营运的"前方"基础设施，而保养场、中心停车场则是保证公交车辆处于良好状态，并待命发车的"后方"基础设施。

"场站规划"是从城市交通整体目标出发，建立与城市总体规划和公交发展战略相适应的场站服务体系，使广大乘客享受更好的公交服务，改善换乘和与其他交通方式衔接的条件，吸引更多的人以公共交通作为出行的首选方式，提高城市客运结构中公共交通的分担率，并为公交企业提供更好的场站基础设施，提高公交车辆的停放、保养和维修水平，减少车辆进出场站的空驶里程，真正落实国家公交优先发展战略，促进公交体制和机制改革，优化管理，提高公交企业良性循环和自我发展的能力。因此，公交场站布局的合理与否，容纳、周转和维修保养能力的强弱，设施和装备的现代化水平，是体现公共交通系统整体水平的重要标志。

一、公交首末站规划

公共交通线路上的停车站，如中途停靠站和线路两端的首末站，设置得合理正确与否，对增加公交客运能力、提高公交运营速度、减少乘客步行时间和乘车时间有着重要的影响。

公交首末站规划原则：

公交首末站的主要功能是为线路上的公交车辆在开始和结束营运、等候调度以及下班后提供合理的停放场地的必要场所。它既是公交站点的一部分，也可以兼具车辆停放和小规模保养的用途。首末站的规划主要包括首末站的位置选择、规模的确定以及出入口道路的设置等几方面内容，规划时应遵循以下原则：

（1）公交首末站的设置应与城市道路网的建设与发展相协调，宜选择在紧靠客流集散点和道路客流主要方向的同侧，以减少过街人流量，必要时，可设置行人过街天桥或地下通道。

（2）公交首末站的选择地址宜靠近人口比较集中、客流集散量较大而且周围留有一定空地的位置，如居住区、火车站、汽车站、航空港、大型公园、文体中心等，使大部分乘客处在以该站点为中心的服务半径范围内（通常为300m），最大距离不超过500m。

（3）首末站的规模应按其服务的公交线路所配运营车辆的总数来确定。一般配车总数（折算为标准车）大于50辆的为大型站点，25—50辆的为中型站点，小于25辆的为小型站点。

作为一条线路的主要控制点和若干线路的交会点，公交首末站关系到乘客出行的方便程度、公共交通的社会经济效益和线路调整等重要方面，在整个公交线网中具有举足轻重的地位。首末站的布局和选点，要综合考虑以下条件：

（1）要根据 OD 客流调查，尽量使线路的首末站与城市各交通小区之间主要客流流向的 OD 点对重合，避免不必要的短距换乘。

（2）首末站设在火车站、轨道交通车站、航空港、长途汽车站等不同出行方式交会处或市内公交枢纽站，必须考虑就近衔接乃至立体交叉，必要时还要设置导向标志，为乘客换乘提供最大方便。

（3）首末站是车辆掉头之处，要有可供回车的地方。因此，公共汽车和电车的首末站应设在城市道路以外。如果城市用地紧张，可以组织绕街坊单向行驶。也有利于交叉口回车，但容易使繁忙的交叉口交通复杂化。

（4）首末站是行车调度人员组织车辆运行、司售人员休息的地方，应设置工作和休息的场所。首末站应设有车辆停放的场地，供白天客运高峰过后从线路上抽调下来的车辆停歇，或者夜间车辆停放。如果辟设专用场地困难，可以利用附近交通量较少的支路停车。对于北方城市，首末站上还应设有为车辆冬季运行必需的供热设施。

（5）首末站用地除了保证公交车辆回车、停车、乘客候车和调度业务外，还应考虑多种交通方式在此搭接换乘、停车的需要。尤其是郊区线路的首末站，常有私营的小公共汽车、三轮车和载客摩托车在此衔接，也有大量自行车在此停放。两条线路相搭接的首末站上，客运高峰时乘客候车特别多，应为乘客排队留有余地。

（6）根据经验，一个完善的首末站每处用地面积约 1000—1400m^2。有自行车换乘的，应另外附加面积。实践中，在城市用地上常有困难，可将上述各项功能所要求的用地分散在线路上的几个地方。首末站的位置不要经常搬动，若城市用地扩展，首末站用地仍可留着，老线路可以延伸或增设新线扩大服务面。

二、公交中途站规划

公交车辆的中途站点规划在公交车辆的起、终点及线路走向确定以后进行，规划的原则为：

（1）中途站点应设置在公共交通线路沿途所经过的各主要客流集散点上。

（2）中途站点应沿街布置，站址宜选择在能按要求完成车辆的停和行的两项任务的地方。

（3）交叉口附近设置中途站点时，一般设在过交叉口 50m 以外处，在大城市车辆较多的主干道上，宜设在 100m 以外处。

（4）中途站点的站距受到乘客出行需求、公交车辆的运营管理、道路系统、交叉口间距和安全等多种因素的影响，应合理选择，平均站距在 500—600m 之间，市中心区站距宜选择下限值，城市边缘地区和郊区的站距宜选择上限值；百万人口以上的特大城市，站距可大于上限值；不同的车辆类型和区域条件下站间距范围如表所示。

表 7-4-1　公交车站间距技术表

公交车辆与服务类型	最大设计速度（km/h）	站台速度（km/h）	站间距（直线距离）（m）		
			CBD 地区内	非 CBD 地区	
				传统系统	现代系统
市内公共汽车	80—105	13—23	150—300	150—200	300—460
区域性公共汽车	80—105	20—30	150—300	360—900	600—1500
快速公共汽车	80—105	25—50	300—500	1200—9000	1500—4500
有轨系统	65—95	13—25	150—300	150—250	200—460
轻轨系统	80—105	25—55	300—600	—	600—1500
地铁系统	80—110	25—55	300—750	500—1000	1000—2500
区域快速 MRT	110—135	55—90	600—900	—	1800—9000

三、公交场站规划的综合开发

对于规划公交场站，在规划阶段就应该考虑其综合开发的可能性，规划设计上除了满足场站的基本功能之外，还要因地制宜地为商业化经营预留空间。根据公交场站复合功能的不同，场站的综合开发模式可以分为以下几类：

1. 商业综合开发模式

在大型商业、购物中心等人流集中区，公交场站可以实现与商业设施的复合开发，形成场站的商业综合开发模式。可以充分利用公交优势，集中人气，以公交换乘带动商业，引导地区的合理发展。

2. 商务综合开发模式

商务综合开发模式是一种实现公共交通和商务办公区功能复合的场站开发模式。通过改善公交场站的基础设施条件和服务水平，引导办公人流转变交通出行方式，减少进出场站地区的私人交通量，达到改善地区交通条件的目的，这在道路交通压力较大的中心城区效果尤为明显。

3. 居住综合开发模式

居住综合模式是一种将大型居住区与公交场站集成开发的模式。通过公交场站的规划建设，引导场站周边居住区的成片开发，一方面给居民提供了便捷的公共交通服务，同时也保证了地区土地资源的集约化利用。

4. 综合集成开发模式

综合集成开发模式多结合于城市轨道站点、公路客运场站等交通设施，是一种将办公、商业、居住社区、轨道等以及公交场站集成于一体的场站开发模式。根据各功能区所需建设规模按比例分配使用，综合物业的经营性收益可作为公交场站等交通设施建设的资金保障。

第八章

城市轨道交通系统的构成与规划

第一节　城市轨道交通系统的分类

城市轨道交通主要有地铁、轻轨、磁悬浮列车、单轨列车及直线电机等形式。最常见的有地铁和轻轨两种形式。

一、地铁

地铁是一种大容量的快速客运系统，具有快捷、舒适、安全、准时、环境污染少、与其他车辆无干扰等优点。平均运行速度为30—60km/h，最小发车间隔可控制在1.5—3min，最大爬坡度可达40‰，单向运客量为每小时3万—6万人次，适宜于人口密集的城区。由于线路构造、建筑结构、车辆设备及检修、车站布置及设施、信号系统、保安设备及综合服务系统均为有较高的设计标准，因此，造价很高，同时由于要挖地道，铺设铁轨、设备等，以及各种调试工作，地铁从开始动工到投入运营需要很长的时间，因此建设周期较长。

二、轻轨

轻轨是中等容量中速客运系统，平均运营速度为30—45km/h，约为公共汽车的2倍，最小发车间隔和地铁相近，也可控制在1.5—3min，最大爬坡度为30‰，单向运输能力可以达到每小时2万—3万人次，基本建设费用较低，每公里造价相当于地铁的1/3，运营成本只有公共汽车的50%；轻轨适应性强，节能、污染少，票价低，安全舒适，比较准时，车辆噪声小，经济效益高，容易融入城市现有格局。轻轨运输是一种填补地铁和公共汽车空白的交通工具，适用于人口较密集的新城区、交通集散地、商业中心和区域中心的交通运输，尤其适用于城市偏远地区、居民密集区等。

三、磁悬浮列车

磁悬浮列车与传统的铁路相比，既适宜于长距离超高速运输，又适合短途市郊的中低速运输，特别适用于城市内部、旅游景区和近距离城市间的交通连接。运行速度一般可达 350—500km/h，单向运输能力为每小时 1 万—1.5 万人次，最大爬坡度为 10‰，最小发车间隔可达 2.5—4min。其主要优点有：节省能源，在同为 500km 的时速下，每千米每个座位的能耗仅为飞机的 1/3—1/2，为汽车的 70%，比目前最先进的高速列车省电 30%；稳定性好，磁悬浮列车没有轮轨摩擦，也没有受电弓和机械接触，故行车稳定、乘坐舒适；安全性高，不会产生机械噪声，没有废气排出，对环境污染很小；维修成本低，无须处理因轮、轨摩擦的磨损所带来的频繁的维修和零件更换问题，其路轨使用寿命可达 80 年，而普通路轨只有 60 年。其缺点主要是：磁悬浮列车不能形成一个通用的运输系统，车厢不能变轨，一条轨道只能容纳一列列车往返运行，从而造成浪费，磁悬浮轨道越长，使用效率越低。

四、单轨列车

单轨列车，又叫单轨铁路，它分为跨座式和悬挂式两种，较常见的为跨座式。单轨列车的运行速度为 25—45km/h，最高车速可达 80km/h，单向运输能力为每小时 1 万—2 万人次，最大爬坡度为 80‰，基本建设费用为地铁的 1/3—1/2。单轨列车通常为高架形式，支撑结构体积小，建设面积小、周期短，对沿线居民日照影响较小，噪声低，几乎没有其他污染。

此外，单轨列车占地少，基本不会影响路面交通，对于小半径和大坡度线路均能很好地适应。悬挂列车不受冬季降雪影响，能毫无障碍地正常运行。单轨列车的速度稳定，乘坐方便、舒适。根据单轨交通的运输能力和特性，跨座式单轨是利用范围很广泛的交通工具。单轨交通可以作为连接大城市和卫星城之间的主要交通方式，也可作为城区通往机场、码头、铁路干线等对外交通枢纽的交通干线，大城市中心区与郊外大住宅区之间的交通连接线，大城市中的环形线以及城市风景观光浏览线的交通干线等。对于高坡度、道路曲折的山城，单轨交通是较好的选择。

单轨列车也有以下缺点：首先，列车在空中行驶，一旦在区间发生故障，救援工作比较复杂，而且乘客只能被动等待救援。其次，单轨交通的道岔系统构造比较复杂。特别是跨座式单轨道岔形体比较笨重，而且列车减速通过道岔，降低了列车平均速度，延长了折返时间，使增加行车密度受到了制约。单轨交通的行车间隔难以低于 2.5min，增加运量只能加大列车编组。再次，采用橡胶车轮在混凝土梁上行驶的单轨交通，其滚动摩擦阻力为钢轮的 5—8 倍，胶轮耐磨性差，使用寿命比钢轮短。线路通常又有较大的坡度，能耗相对较高。

五、直线电机

直线电机轮轨交通系统因其技术先进、安全可靠、工程造价低（尤其是土建工程部分）、环保性能好、线路适用性强、养护维修简单、噪声低等优点，适合市内和市郊的中等运量运输。直线电机用于城市轨道交通，其运行速度一般为 30—70km/h，最高车速可达 110km/h。更容易实现小编组、高密度、自动驾驶的运行模式，最小发车间隔可控制在 1—3min，并可以 2—6 辆灵活编组，适应不同的客运量需求。按 6 辆编组、每小时 40 对列车密度计算，最大单向运输能力可达 4 万人次。

车辆的运动采用直线电机所产生的电磁力驱动，车轮仅起到支撑作用，不传递动力，列车的牵引力不再受黏着条件的影响。所以，列车可以获得很强的爬坡能力及启动、加速度和制动性能，其线路的坡度最大可以达到 100‰，最小转变半径可以控制在 70—100m，而传统的轮轨交通一般大于 250m。直线电机对线路纵断面大坡度、横截面小隧道、水平断面小曲线的选线条件和大运量、高密度、小编组的运营条件具有很强的适应性。不足的是，直线电机运载系统是一个专用系统，不能与传统的城市地铁交通系统通用。因此，能否科学地规划城市轨道交通系统网是制约直线电机驱动系统的关键。

表 8-1-1　几种轨道交通方式的特点及适用性

项目	地铁	轻轨	磁悬浮列车	单轨列车	直线电机
高峰小时客流量（万人次／小时）	3—6	2—3	1—1.5	1—2	1.5—4
平均运行速度（km/h）	30—60	30—45	350—500	25—45	30—70

项目	地铁	轻轨	磁悬浮列车	单轨列车	直线电机
最小发车间隔（min）	1.5—3	1.5—3	2.5—4	2.5—4	1—3
最大爬坡度（‰）	40	30	10	80	100
适用性	适用于地势平坦、人口密集的城区、连接城市中心区或客流量大、城市主要的客运交通走廊。	适用于地势较平坦、人口较密集的城市新区、交通集散地、商业中心和区域中心的交通运输，及城市偏远地区居民区等。	适用于地势平坦、近距离城市间的交通连接，同时也适用于长距离超高速运输。	适宜布置在城市观光线、公园以及大型展览会场附近，尤其适合旅游城市，对于高陡坡、道路曲折的山城，单轨列车是较好的选择。	适合市内和市郊的中等运量运输，对线路纵断面大坡度、横截面小隧道、水平断面小曲线的选择条件和大运量、高密度、小编组的运营条件具有很强的适应性。

城市轨道交通一般是在地下或高架需要考虑无障碍交通出行，方便残疾人和行动不便者的使用。在医院、车站和学校附近的轨道交通站点有大量的病人和拖带行李者，需要有良好的无障碍交通环境设计，保证他们不受物理的阻隔，能够最便捷地乘坐轨道交通。即便是在路面上的轨道交通，如新型有轨电车，也有站台和过街的问题需要考虑。

2018 年我国已有 35 个城市建设了轨道交通，运营城市轨道交通线路5766.6km。

表 8-1-2　2018 年我国大陆地区各类城市轨道里程（km）

地铁	轻轨	单轨	市域快轨	现代有轨电车	磁悬浮	APM
4511.3	254.2	98.5	502	332.6	57.9	10.2

第二节　线网规划的意义和规划原则

城市轨道交通对于城市的发展、居民生活水平改善有着重要的作用，系统建设具有不可逆性。如果城市轨道交通线网规划不好，不仅起不到积极的作用，还会导致城市无序发展、交通网络系统不协调、线路客流量少、投资无法收回等问题。因此线网规划的目的是保证建成线网能够对城市发展起积极作用。

线网规划的目的和意义主要体现在以下几个方面：

（一）引导城市用地合理布局

由于城市轨道交通对城市土地开发有强大的刺激作用，将会对城市土地发展的方向、功能和强度产生深远的影响，因此，可以通过合理的线网规划引导城市有计划地向良好的城市布局和形态发展。例如：可以利用城市轨道交通带动新区的发展；多条城市轨道交通线路提供的交通便利性是保持城市中心区繁荣的重要条件。

（二）支撑城市总体规划

城市轨道交通规划是城市总体规划的重要组成部分和环节，其建设需要在城市总体规划的背景下进行，同时城市总体规划的实施和发展也需要城市轨道交通的支撑。城市的健康发展不仅受到城市的总体空间布局、开发模式的影响，还受到周边交通条件的影响。除了城市土地利用和其他城市交通方式以外，城市轨道交通规划还对城市经济活动空间布局的发展起着强大的支撑作用。城市的一些公用设施，如道路立交桥、大型地下管线和地下空间的开发等的建设也需要与城市轨道交通建设相互协调、有机配合、协调发展。

（三）引导城市交通合理结构和布局

轨道交通对城市的交通组织也会产生持续长久的影响，作为城市交通的骨干，需要与其他各种交通方式配合。在既定城市轨道交通线网的基础上规划其他交通方式，能确保这些交通方式规划建设的合理性，避免重复建设和无序发展，最终达到整个城市交通系统的规划结构合理、布局适当。

城市轨道交通线网在规划和设计过程中必须遵循以下原则：

（1）线网规划与城市发展规划紧密结合，城市各级公共活动中心与轨道交通枢纽的耦合是城市轨道交通线网规划的基本原则。城市轨道交通线网规划是城市总体发展规划的重要组成部分，线网规划能够支撑和引导城市结构发展，有助于城市发展与城市结构调整战略目标的实现，并有利于城市的现状，走廊式的空间发展模式的实现。

（2）满足城市主干客流通道的交通需求。建设轨道交通的根本目的是要满足城市的交通需求，提高轨道交通分担率，调整城市交通结构，解决交通拥挤、人们出行时间过长及乘车难等问题。因此线网规划应沿主要客运通道布置，使城市轨道交通能够最大限度地承担起骨干交通方式的作用，提高轨道交通的分担比率。

（3）线路规划走向力求各条线路上的双向客流尽量均衡，是线路规划应遵循的基本要素。沿城市主要客流节点和通道布置城市轨道交通线路，有利于分流地面交通压力，和地面交通结合，形成立体交通体系。规划应以最短的线路连接大型交通枢纽（包括对外交通中心，如火车站、飞机场、码头和长途汽车站等）、商业中心、文化娱乐中心、生活居住小区等客流集散量大的场所，以减小线路的非直线比例，并缩短居民的出行时间。线路客运量要尽量均衡，便于设施利用和行车组织，降低运营成本。

（4）城市常规公共交通网与城市轨道交通线网要衔接配合好，充分发挥各自的优势。常规公共交通与城市轨道交通的互补有利于方便人们的出行。在外围地区轨道交通与常规公交和其他非机动化交通方式的衔接，可以实现"门到门服务"。在城市中心地区，良好的常规公交与非机动化交通，可以吸引短距离出行。既方便了乘客，使其缩短出行时间，又能避免轨道交通的过度拥挤。

（5）线网要因地规划，与城市的性质、地貌地形相联系，确定合适的规模、合理投资线路走向与埋深选择。根据所处地段城市布局的形态、沿线地面建筑、工程地质和工程水文条件、地貌地形特征、地下埋设物、拟采用的施工方法等情况，进行综合经济技术论证。另外还需要特别注意重点地下文物古迹保护、城市环境保护、施工地段交通组织、不良地质地段处理措施、重要地下管线和地下构筑物保护和迁移，以利于工程规模和工程投资的控制。

（6）保证规划的可持续性。城市轨道交通线网中各条线路的规划与建设，要充分考虑城市近期与远景建设规划，与城市的发展和改造计划有机结合；路网建设与城市发展相匹配，以保证线网工程建设计划实施的连续性和整体性，工程技术经济上的可能性和合理性。

第三节 线网结构分析

一、城市轨道交通网络基本结构形态

城市轨道交通系统网络从广义上讲，是由各条轨道交通线路形成的综合性整体网络。不同的轨道交通线路的连接方式有直接和间接两种形式。根据不同的连接方式又可将城市轨道交通网络分为连通型和非连通型两种。根据运营组织方式，可分为共线和独立两种方式。旅客的出行过程则存在换乘与不换乘两种方式。

从整体网络形式看，其形态多种多样，与各自的城市结构相互适应又相互影响。轨道交通网的规模与形态虽然各不相同，但其基本结构形态可归纳为五种不同运输特性的类型。

（1）星形结构是指线网中所有线路只有一个交点的结构，其唯一的换乘站多位于市中心的客流集散中心。这种结构由于所有的线路都通达市中心，市郊与市中心联系便利，所有线路间都可以实现直接换乘，是换乘次数最少

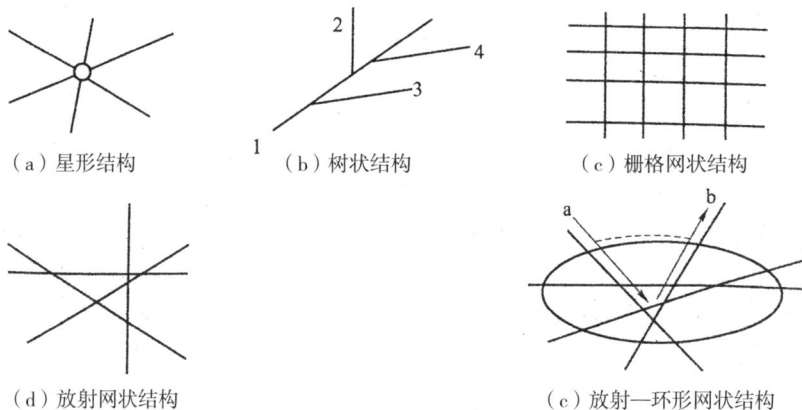

（a）星形结构　　（b）树状结构　　（c）栅格网状结构

（d）放射网状结构　　　　　　　（e）放射—环形网状结构

图 8-3-1　城市轨道交通线网的五种基本类型

的一种形式。但同一换乘站上客流过于集中，换乘客流间相互干扰也大，容易引起混乱与拥挤。而且市郊之间的联系不便，必须经过市中心换乘，对于规模较大的城市就不适合。

（2）树状结构是指 N 条线路只有 N−1 个交叉点且在网络中没有形成网格结构，形同树枝状。这种结构连通性差，线路间换乘不便，多数线路间至少要换乘两次才能实现互通，适用于分散多组团与城市中心的联系。

（3）栅格网状结构是指线路（至少 4 条）大多呈平行四边形交叉，所构成的网格多为四边形的线网结构，形同棋盘。这种结构的线路在中心城内分布比较均匀，结构连通性好，乘客的换乘选择较多，线路平行分布，能够提供较大的输送能力，线路和换乘站上的客流分布得比较均匀。但平行线路之间的换乘至少需两次，而且由于没有通达市中心的径向线，市郊到市中心的出行不便。

（4）放射网状结构是指线路（至少 3 条）多为径向线，且线路交叉所形成的网格多为三角形的路网结构。线路在市中心区发生三角形交叉，市中心线路和换乘站密集而均匀，网络连通性好，乘客换乘方便。这种结构各个方向都有线路通达市中心区，市郊到市中心的出行方便，缺点是市郊间的出行必须到市中心的换乘站换乘。

（5）放射—环形网状结构是在放射网状结构的基础上增加环线而形成的路网结构，常见于一些规模很大的系统，适合大城市的轨道网络系统，如巴黎、东京等。这种结构具有放射网状结构的全部优点，环线与所有径向线都能直接换乘，整个网络的连通性更好，线路间换乘更方便，而且能有效地缩短市郊间距离。

二、连通型城市轨道交通网络

在城市轨道交通网络中，采用不同技术设备和运输组织方式的轨道交通线路之间往往具有相对独立性，而在采用相同技术设备和运输组织方式的线路中，则存在相互连通的可能性。据此，可将城市轨道交通网络分为连通型和非连通型两种结构。

非连通型城市轨道交通网络由具有不同技术设备条件和采用不同运行组织方式的轨道交通线路所组成。由于这些不同的轨道交通线路相对独立，相互之间不存在直接联系，列车不能跨线运行，采用分线独立运行方式。

在非连通型城市轨道交通网络中，不同线路上的列车独立运行，相互之间不存在交叉干扰，这种形式较为简单，在本书中不做详细讨论。下文中如无特别说明，所有的轨道交通网络均指连通型轨道交通网络。

连通型城市轨道交通网络是指具有相同技术设备条件和采用相同运行组织方式的轨道交通线路所组成的城市轨道交通网络。这些轨道线路通过联络线在交汇站相互接轨，线路之间存在直接联系，列车可以跨线运行。

根据连通型城市轨道交通网络的线路形式，可进一步将连通型城市轨道交通网络分为树状、环状连通型城市轨道交通网络。

第四节　线网规划

线网规划是城市总体规划中的专项规划，在城市规划流程中，位于综合交通规划之后、专项详细控制性规划之前。线网规划是长远的、指导性的专项宏观规划。线网规划虽是一项专业规划，但必须服从于城市总体规划，所以它必须依托城市内诸多因素的支持，相应的研究基础包括：城市总体规划、城市社会经济发展目标和战略、城市综合交通规划和城市轨道交通建设现状。

线网规划是城市综合交通规划的延续和补充。由于城市轨道交通的特点，规划和建设均会对城市规划格局产生相当程度的影响，因此线网规划既要有相对的独立性，又要与城市总体综合交通规划融为一体。

线网规划体系涉及城市规划、交通工程、建筑工程及社会经济等多个专业，单纯依靠某一个方面的专业来指导整个研究过程是不现实的。线网规划是一个探索性很强的工作，关键在于探索一条统一的评价逻辑，将各子系统的研究有机地结为整体。

线网规划作为一项复杂的系统工程，除本身各子系统具有复杂关系外，各种外界的影响因素和边界条件也会对线网规划产生不同程度的影响。因此，不能把线网规划作为一个孤立的工程项目进行规划，既要重视其自身的建设运行机制，又要注重与城市空间布局及其他交通系统的协调。

一、规划背景研究

（一）线网规划现状调研

这是整个城市轨道交通线网规划的基础，包括城市现有的人口分布特征、自然条件、城市用地、城市经济发展程度、交通系统特征等方面的研究，分析城市轨道交通发展的必要性和可行性，确定线网规划的特殊性和针对性，明确需要解决的问题，如解决城区交通拥挤、城市片区间联系不足等问题，由此形成线网规划基础。

（二）确立轨道交通线网规划方向

线网规划的主要依据是城市总体规划和综合交通规划等。在分析城市总体规划、综合交通规划等相关规划的基础上，充分理解城市发展战略要求，轨道交通线网的规划需要同城市发展战略相一致，有时还需超前于城市发展，促进城市朝着规划的方向发展。特别是对于形成城市发展走廊、达到城市各级中心的发展要求，城市轨道交通线网作用巨大。

（三）相关政策分析

分析已有的城市土地开发政策和交通政策体系，如交通需求管理政策、交通系统管理政策、轨道交通经营政策研究和不同交通方式之间的衔接等，研究城市轨道交通线网规划的原则和技术手段。

二、规划范围与年限

线网规划的研究范围一般是规划的城市建成区。在研究范围内，还应进一步明确重点研究区域，即城市轨道交通线路最为集中、规划难点区域，重点研究范围应根据具体城市特点确定。

从规划年限来看，线网规划可划分为近期规划和远景规划。近期规划主要研究线网范围内修建顺序以及对城市发展的影响，其年限应与城市总体规划的规划年限一致。远景规划是研究城市理性状态（或者饱和状态）下城市轨道交通系统合理的规划，因此没有具体年限。一般可以将城市总体远景发展规划、城区用地控制范围及其推算的人口规模和就业分布作为基础，确定线网远景规模的控制条件。

三、线网规划层次

城市快速轨道交通线网构架规划是一个庞大而复杂的系统工程，所以线网构架方案研究必须分类、分层进行分析。"点""线""面"既是三个不同的类别，又是三个不同层次的研究要素。

轨道交通都是通过站点与城市发生联系，站点的确定非常重要，轨道交通的线网规划首先要确定需要联系的站点，包括城市各类活动中心，大型交通量的吸引、发生点分布。具体工程实施方案和工程难点也需要考虑。"线"是城市客流流经的主要路线，是城市主要交通走廊，串联"点"、构成"面"的途径。研究城市需要轨道交通疏解的交通瓶颈区段。考虑城市客运交通走廊分布，沿线的土地利用和轨道交通建设的工程条件。"面"指的是整体性研究，这既包含了对整个研究区域的整体性研究，也包括对规划范围的影响分析，主要包括：区域内土地使用情况和片区功能定位；城市的交通特征，轨道交通网络层级、网络布局与城市总体空间布局特点。

从规划方法来看，交通与城市的土地利用、经济发展、人口等有联系，一个合理的城市轨道交通线网，应该适应城市土地利用开发、经济发展、人们出行的需要，有必要根据城市人口、土地资料、经济资料等，运用数学规划的方法，确定线路走向。但是城市轨道交通网络规划影响因素众多，有些因素如城市的发展战略等没有办法量化体现在模型中，因此说单纯的数学模型法可以作为一种辅助手段。我们还需要情景分析、城市规划和社会经济效益评价等多种方法。

四、线网规划

线网构架规划研究是线网规划的基础，在规划研究的基础上，研究如何使线网规模与人们的出行需求相符合，线网结构与城市结构形态、城市发展规划相符合。通过客流预测结果和评价方法对多个线网规划方案进行比选，确定最终的规划方案。

线网规划是城市轨道交通线网规划可操作性的关键，如果由于缺乏线网实施规划致使可操作性不强，频繁改动造成线网不稳定，这就难以进行系统协调，等于没有线网规划。线网规划需要系统性和专业性的结合。

（一）确定线网用地范围

为了预留线路的建设用地需要，需要根据专业和城市用地发展，确定轨道交通线路的合理红线，根据轨道交通站点的功能和规模提出合理用地范围。

（二）综合基地的选址与规模研究

由于综合基地规模巨大，在城市中选址征地难度很大。因此，没有进行车辆基地选址和落实的详细专业规划，线网规划是难以保证可实施性的。

（三）线路敷设方式及主要换乘节点方案研究

线路敷设方式规划能够为下阶段土地详细控制规划提供必要的条件；通过确切的换乘节点方案，保证同一节点上不同时期建设的线路站点做到统一规划，降低相交时的工程难度。

（四）联络线分布研究

在城市轨道交通线网中，线路大多是独立运行的，与其他列车不互通。通过联络线的建设能够使线网形成有机的整体，在编制线网规划时，认真规划好联络线的分布位置，不但能够建立线网各条线路之间的联系，而且能够机动灵活地实现各线的资源调配。

（五）修建顺序规划研究

城市轨道交通线路的修建顺序不仅对网络建设的可操作性起决定作用，而且直接影响城市轨道交通系统的运营效益，甚至影响到城市交通的整体运行。

（六）城市轨道交通线网的运营规划

城市轨道交通规划、建设的最终目的是为了安全、快速、便捷地运送乘客，而与乘客直接接触的阶段就是运营阶段，乘客的需求最终体现在运营的需求上，因此，前期的规划、建设都需要考虑建成后线网的运营，如此才能使城市轨道交通社会效益最大化。

五、线网合理规模

合理的线网规模对于城市轨道交通系统健康持久运营具有重要意义，纵观世界城市轨道交通的发展历史，可以发现如果城市轨道交通系统线网规模太大，会增加系统的投资和运营成本；如果系统能力太小，则无法有效吸引客流。无论哪种情况，都会影响系统的健康、持续发展。同时在确定合理的城市轨道交通线网规模的基础上，可以估算总投资量、总设备需求量、总经营成本、总体效益等，并可据此决定相应的管理体制与运作机制。

一般来说，无论是对于线网长度、线网密度还是线网覆盖率，不仅要计算整个城市的合理指标值，还要根据区域的不同分别确定合理标值，特别是线网覆盖率还决定了轨道交通线路的运营组织方式。例如上海市将城市轨道交通按功能定位的不同划分为市域线、市区线、辅助线。如果只计算全市的线网覆盖率、数据信息，难以体现不同区域、不同类型线路的服务水平。由于市中心向外围区域交通需求往往呈现强度递减趋势，线路类型也随之发生变化，因此应进行市区范围、郊区等各个区域线网覆盖率的计算。

各区域线网的服务水平要求不同，将最终导致各区域线网覆盖率不同。在评价时，城市轨道交通线网覆盖率的合理程度同样也需按不同区域（城市中心、城市边缘区、城市郊区）分别求取密度。城市轨道交通建设和运营涉及众多因素，因此线网的合理规模也受到众多因素的影响，包括交通需求、城市规模、城市发展形态、企业经营利润和未来交通战略及政策等。在不考虑客运量需求差异的条件下，在市中心区，要求城市轨道交通的线网全部覆盖并满足四个客流方向的需要，可以把城市轨道交通线网简化成一个比较均匀的棋盘形路网。理论上以线路间距离为 1.5km 计算，线网密度参考约为 1.33km/km^2。考虑城市地形不规则的特点和经济水平的实际情况，在计算时该密度指标可以降低，取 1.2km/km^2 比较适宜。在核心区以外的中心城区，线网格局仍然考虑各个方向可达性，但服务水平可以降低，吸引范围采用 2km 的间接吸引范围，线网密度的参考值为 0.5km/km^2。

在进行网络规模决策时，经济评价是一个基础，其中包括现值法、投资回收期法、内部收益率法和效益费用率法。现值法把分析期内建设和运营部门在不同时间支出的各种费用按照预定的折现率换算成现在的费用，或者将使用者所获得的各种收益换算成现值进行统一考虑。投资回收期法是指将投资方案所产生的净现金收入补偿原投资所需要的时间跨度。内部收益率法是指使净现值为零，投入的资金现值与所取得的效益现值相等时的折现率。反映了分析期内项目对恢复资金（投资）的回收能力。效益费用率法是指将设施初期的投资和在分析期内设施所得到的正收益或负收益看作效益，并折算为现值。最后将每一个项目方案的效益现值和其费用现值相比。轨道交通的建设会带来土地价值的提升，轨道交通的建设应考虑到溢价回收的措施，保证轨道交通建设在经济上的可持续性。

表 8-4-1　世界主要城市轨道交通线网统计

城市	地铁长度 m/ 人	都市区人口（万人）	都市区面积（ha）
巴黎	19.03	1100	1201200
伦敦	49.95	700	157900
柏林	41.19	347	83351
纽约	23.04	1900	2276340
东京	8.72	3234	1355276

第九章

公共交通场站无障碍

第一节　地面普通公共交通

在公交车站选址时，需要考虑到每个站点独特的位置和环境设计要求，包括人行道、自行车道、停车和信息等。

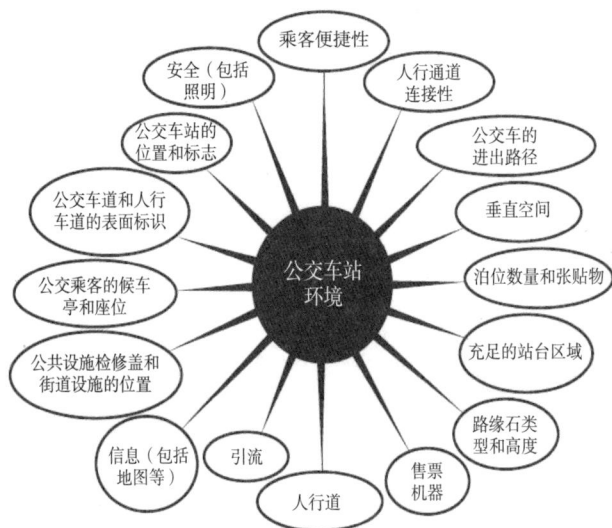

图 9-1-1　公交车站环境特点

市区主干路和次干路，居住区附近的公共电车、公共汽车的首末站，以及市区商业街的公共电车、公共汽车的中途站应设盲道。市区主干路和市区商业街的公交车站宜设盲文站牌。公交车站盲文站牌设置的位置、高度、形式和内容，应方便视力残疾人使用。

低地板公交车车辆有单独的步入口（在车辆前部有低地板），在车的驱动轴上方有一个斜板或者台阶通向车的后部。通常而言，它们有供上车乘客使用的前门和供下车乘客使用的中门。低地板公交减少了路缘和公交地板的高度差，它们通常被视为改善残疾乘客（包括轮椅使用者）可达性的一种手段，但所有的乘客都可以从低地板公交服务中受益，特别是携带折叠式婴儿车的乘客。因此，在设计用于低地板公交的车站时，应该考虑所有乘客的需求，而不仅仅是轮椅使用者的需求。如果无须购票，一般乘客的上车时间也可以减少 16%。

表 9-1-1　一般乘客低地板与常规公交上车时间的比较（s）

	购票不找钱	购票找钱	无须购票
低地板公交车	3.1	6.35	1.92
常规公交	3.26	6.15	2.22
时间差（%）	5%	-3%	16%

资料来源：Jonathan C. Levine and Gwo-Wei Torng. Dwell-time effects of low floor bus design. J. Transp. Eng. 1994, 120（6）914-929.

车厢内部有显示灯显示上下车信息，方便听觉较弱的乘客，地板可使用防滑地台胶。增加部分鲜黄色凹凸花纹防滑粗身扶手，方便弱视的乘客。下车区域设置有轮椅停放区域，并加设扶手及停车按钮，可方便使用轮椅的乘客。报站系统广播到达站，动态乘客资讯系统也清晰显示沿途车站的资讯，使得所有人都可以了解目前的到站情况。

图 9-1-2　低地板公交受益者

　　理想的公交车站布局，公交车应平行、尽可能近地停靠在路缘边，从而可以更高效地使用公交设施。应该考虑一些关键尺寸，如垂直间隙或者台阶高度、从路缘到公交地板的水平间隙。精心设计的公交车站将提供与低地板公交车相协调的配套功能，最大限度地减少这两者的距离。

　　路缘和公交地板垂直间隙的大小将会影响轮椅斜板的坡度，如果坡度过大，一些轮椅使用者将不能安全地上下车。英国1995年"DDA"中的法规要求新的公交车能够在高度至少为125mm的路缘上布设坡度为1∶8或者12%（7°）的斜坡。

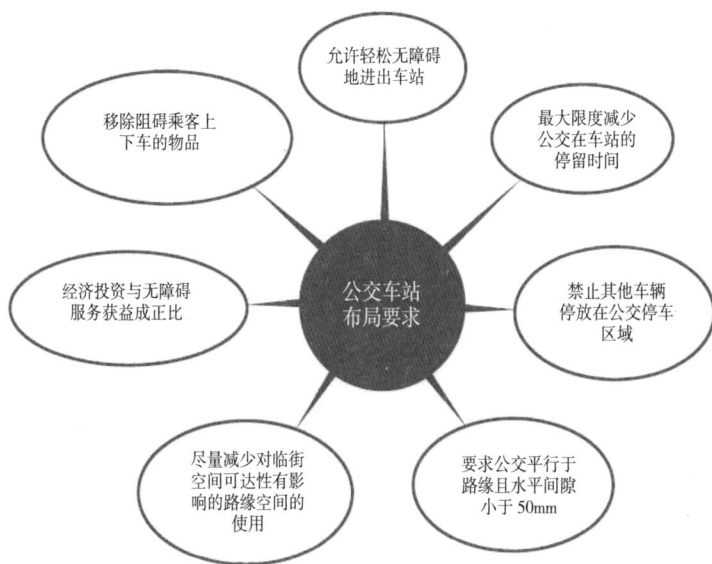

图 9-1-3　公交车站布局要求

影响斜坡角度的主要因素有：

（1）斜坡的类型。

（2）斜坡长度。

（3）机动车道与人行道的断面高差。

（4）公交到路缘的距离。

（5）公交地板的下降高度。

如在公交停靠点、港湾式停靠站或其他需要电梯或斜坡的地方兴建新的上车区，上车区须有坚固稳定的表面，最小净长度为 2.4m（从路缘或车辆行车道边缘测量），最小净宽度为 1.5m（平行于车辆道路测量）。避免墙边突出物体的障碍并要求无障碍路线连接到街道、人行道或人行专用路。

平行于道路的上车区的坡度应尽量与道路相同。对于排水，允许垂直于道路的最大坡度为 1 : 50（2%）。

在建设候车亭的情况下，应保证轮椅或助行器使用者能够从公共道路进入并离开，这些候车亭应通过无障碍路线连接到上车区。

所有新的无障碍公交线路应有统一的标志，标志内容与背景对比应明显。新的公交线路识别标志应考虑到字母比例和高度的优化。

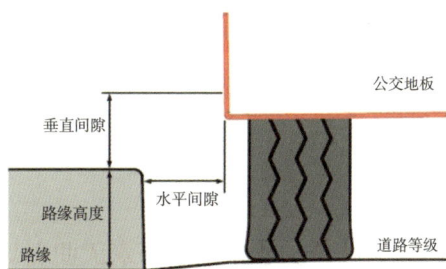

（a）关键尺寸

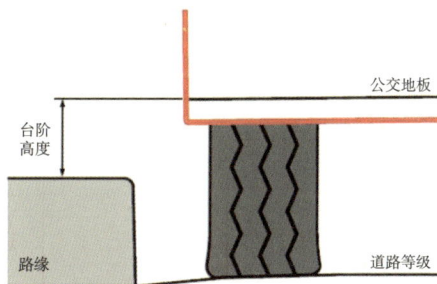

（b）标准台阶高度

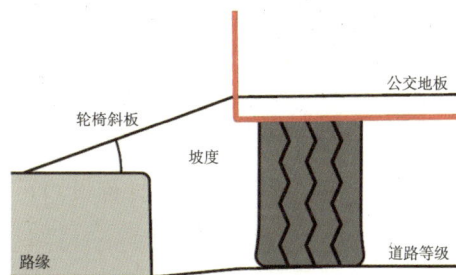

（c）坡度

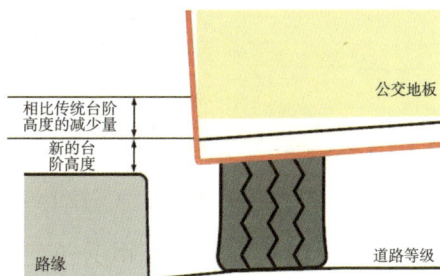

（d）倾斜地降高度

图 9-1-4　公交和路缘的关系

第二节　轨道交通

　　每个车站至少有一个无障碍出入口，对于超过六条机动车道路交叉口的四个象限应考虑增加无障碍出入口的数量。所有可进入的入口应尽量与大多数公众使用的入口一致。在车站入口应有指示车站或入口的标识，标识应尽量均匀放置在运输系统内的入口处，保证易于识别。

　　已建的轨道交通车站内的电梯应设无障碍电梯，如没有条件设置无障碍电梯，应设置斜向升降装置。新建的轨道交通车站内应设无障碍电梯，每个出入口都应有一台无障碍电梯。电梯应采用玻璃或透明面板，以便在电梯内外均可通视，此外电梯按钮还应有盲文和广播，可方便视障人士。电梯应符合无障碍电梯的规定。

　　与商业、零售或住宅设施的直接连接路线应符合无障碍的要求，即包括从上下车区域到公众使用的所有交通运输系统的部分。要提供直接的无障碍联系，直接联系各种设施和服务点。

　　在轨道交通站应设置斜坡、电梯或其他运输装置保证残疾人士的自主通行，自动售票处或其他售票区域以及收费区域，应尽量减少轮椅使用者和其他无法使用台阶的人可能需要通

图 9-2-1　布鲁塞尔地铁站的入口
（右侧为盲文地图）

行的距离。残疾人的通行路径，包括无障碍入口和无障碍通道，应尽量与一般人的通行路径一致。若路径是不同的，应有无障碍标志指示方向、出入口和行走路线。地铁站内环境复杂，应设置站厅的"触摸地图"，方便他们识别站厅内的环境。

轨道交通车站应设置低位售票窗口或低位自动售票机。低位售票窗口工作台高度为800—1000mm。低位售票工作台下部距地面650mm，净深不少于450mm的空间无障碍。低位售票窗口工作台部位应设置无障碍标志。在每个可进入的入口处，此类设施应位于无障碍路线上。如果提供自助式收费设备供一般公众使用，则应在每个入口或出口处的无障碍通道节点各提供至少一个无障碍设备，除非一种无障碍设备可以提供出入两种功能。

检票通道应设一处无障碍检票专用闸机通道，无障碍检票专用通道的宽度不小于1100mm，大闸机门的门扇净宽不应小于900mm，无障碍检票专用通道门内、外应设提示盲道。无障碍检票专用通道部位应设国际通用无障碍标志。

无障碍收费装置的最小净开口宽度应允许轮椅通行，并且硬币或卡槽和控制装置应符合关于操作设备的空间、尺寸的规定。必须由轮椅或助行器使用者推开的门应有光滑表面，应符合关于各类型门数量、尺寸、配备设备和使用力度的规定。如果无障碍通行路径与一般公众的路径不一致，则无障碍收费系统应位于无障碍的出入口处或附近。

站台上靠近下车点但未受站台屏蔽门或护栏保护的站台边缘应有警示设置。应设置盲道，车站的轨道至站台高度应与车辆的地板高度相协调，车辆静止时在正常载客条件下测量的垂直差值在正20mm范围内。静止时测量的水平间隙不应大于100mm。车站的设计或建造不得要求残疾人在非一般公众上下车地点上下车。

站台盲道，由楼梯部位引至就近列车（设定的车厢门）靠站的停车部位。

站台候车位应设提示盲道，提示盲道应设在站台安全警示标线内，每个提示盲道（长×宽）为600mm×900mm。候车部位的盲道，应引至站台的无障碍电梯入口部位。两侧停靠列车的站台，应同时按列车候车部位设置相对应的行进盲道，并连成系统。

图 9-2-2　纽约地铁站台的无障碍提示盲道带（1）

　　车站内建筑的通道最小宽度为 2500mm。通道两侧应设二层扶手，高位扶手距地面为 900mm，低位扶手距地面为 650mm。轨道交通车站内的楼梯的踏步宽度应为 300mm，踏步高度应为 140—150mm，楼梯两面都要装扶手，扶手高度为 900mm。

图 9-2-3　纽约地铁站台的无障碍提示盲道带（2）

　　在每个自动扶梯运行的顶部和底部，在扶梯的立板变化之前，至少两个连续的踏板应该超出梳板。所有自动扶梯踏板都应标有明显对比色带，位于踏板边缘和平行于每个台阶边缘的位置。条带的材料的防滑程度应该至少与踏板的其余部分一样。在上升和下降方向踏板边缘都应清晰可见。地铁里的每个扶手电梯都设应有发声器，提醒视障人士，同时也提醒其他人注意安全。

所在区域的照明水平应均匀，并应尽量减少标志上的眩光。沿掉头路径照明应具有一种提供均匀的照明的设备和配置。

如果在终点站，车站或其他固定设施提供公共广播系统向公众传达信息，则应提供向听力损失者或聋人传达相同或同等信息的通知方式。

如果提供行李寄存服务，其空间应符合关于轮椅可通过的长宽高以及残疾人可使用范围的规定。如果提供无人看管的安全门，那么至少有一个门应符合各类型门数量、尺寸、配备设备和使用力度的规定。

已建的轨道交通车站内的厕所应设无障碍厕位。男厕所内应设 1 个低位小便器。新建的轨道交通车站内应设无障碍厕所，或在厕所内设置无障碍厕位。

第三节　机场

规划的一个基本原则是相比于普通乘客，尽量减少轮椅使用者或其他不能自如步行者的移动距离。对残疾人而言，包括出入口、无障碍路线在内的通行路径在切实可行的范围内应与普通乘客的通行路径一致。在掉头路径不同的地方应该提供方向标志，该标志表示最近的无障碍出入口及无障碍路线。

航站楼主要入口两侧、无障碍厕所、自动扶梯、自动步道两端、电梯门前应设置提示盲道，其宽度应与相对应的门、梯段、步道宽度相一致。自动步道坡度应方便乘轮椅者的使用，速度不宜大于 500mm/s；自动扶梯、自动走道设备端部宜配置闪烁灯光，提醒视力残疾者注意。在旅客可以到达的任何楼层，如有高程变化，均应设置无障碍电梯，高程变化小于等于 1200mm时，宜设置轮椅坡道；大于 1200mm、小于一个楼层时，宜设置升降平台。航站楼内的商店、银行、邮政和餐厅等服务设施，均应考虑残疾人的使用要求，设施高度应方便乘轮椅者使用。

通过公共广播系统向普通乘客广播信息的航站楼信息系统应该提供一种系统，其可以向听力损失者或聋人提供相同的或同等的信息。这些方法包括但不限于使用视频监视器和计算机技术的可视寻呼系统。对于具有某些特定的听力损失的人，可以提供辅助听力系统等。

如果向普通乘客提供时钟，则时钟应安装在顶部，钟面应整齐以便其元素清晰可见。指针、数字等应和其背景对比鲜明，两者明暗对比应明显。

（一）站前广场

站前旅客上、下车的车道边近航站楼的入口处，应设置无障碍停车位；

站前广场的人行道路应平整、防滑、不易松动和不易积水，地面有高差时应以斜坡过渡，当高差大于 300mm 时，应设置相应的轮椅坡道；

站前广场道路上方的突出物不应低于 2500mm，并应在航站楼的入口处、站前广场道路的转折处、停车库（场）的旅客入口处设置提示盲道，宜在机场公交车站设置供残疾人使用的电话，并设置盲文铭牌，电话安装高度应方便乘轮椅者使用；

站前广场至航站楼的入口均应为无障碍入口，并应采用平行开启的自动感应门。

（二）出发区域

票务区域应该保证残疾人能够购票和托运行李，柜台高度应方便乘轮椅者使用，旅客休息区应设置轮椅席位。无障碍柜台应符合关于无障碍柜台数量、尺寸、位置以及提供语音服务的规定。

旅客出发厅应设置问讯服务中心，并负责为残疾人提供售票、办票、安检直至送上飞机的服务。服务台局部应留出为残疾人服务的位置，其高度应方便乘轮椅者使用。出发厅应设置无障碍厕位并在男厕所内设低位小便器。此外，出发厅和候车厅公用电话处应设供残疾人使用的电话，并设置盲文铭牌，电话安装高度应方便乘轮椅者使用。旅客候机区的饮水处、询问处、商品部等服务设施均应方便残疾人的使用。登机口处宜设置闪烁灯光，提醒聋哑旅客开始登机或停止登机。

安检通道中应有至少 1 个通道可供乘轮椅者通行，而在特大型航站楼宜设 1 个供乘轮椅者使用的边检及安检的验证台、服务柜台，柜台高度应方便乘轮椅者使用。

（三）旅客到达区域

在到达厅，中转过境旅客候机区和行李托运区域，大型及以上航站楼应设置无障碍厕所，中小型航站楼应设无障碍厕位并在男厕所内设低位小便器。

行李托运和取出系统应位于无障碍路线上，其周边还需符合轮椅可通过的要求，并设置轮椅席位。如果提供无人看管的安全屏障，至少有1个门符合各类型门数量、尺寸、配备设备和使用力度的规定。需要由轮椅或者助行器推开的门应该具有从地板上方5厘米到70厘米的连续光滑表面。

旅客到达厅内公用电话处应设供残疾人使用的电话，并设置盲文铭牌，饮水处、询问处、班车售票处等服务设施均应方便残疾人使用。

中转区域的要求应与出发厅的要求一致。

（四）登机区域

旅客登机桥，坡度不应大于1∶12，地面应防滑，并应设置扶手。旅客摆渡车内应在靠近车门处设置1个轮椅席位，并应设能固定轮椅的设施。车门入口处应设有供乘轮椅者上、下车的活动斜板。小型航站楼应配置1台、中型航站楼及以上应配置2台供残疾人使用的上、下飞机的升降车或升降设备。

（五）安全系统

在机场公共设施中，至少有一条无障碍路线要求在每一个单一屏障或一组安全屏障上提供固定的安全屏障。一组是在一个位置紧邻的两个或多个屏障。如果安全屏障包含了诸如金属探测仪、荧光镜或其他不能使残疾人正常进入的类似设备，则应在此类安全检查设备附近提供另一条可通行的路线保证同等的通达性。掉头路径应该允许残疾人通过安全屏障时保持与一般人相同的对于私人物品的视线范围。

第十章

无障碍交通政策实践

第一节 政府为公众提供普遍基本服务

联合国大会在 1993 年 12 月"残疾人机会均等准则"中指出："国家应采取一些措施，以消除实际中存在的和有碍于参与的因素。这些措施包括制定标准及指南，并考虑建设法律机制，以确保各个地区的住房、建筑、公共交通服务及其他运输方式、街道和其他户外环境等方面的设施都有所保证。"

许多先进国家和地区的政府部门主要通过为无障碍公交服务提供专项财政资金或补贴来实践为公众提供普遍服务的先进理念。诸多成功经验表明，只有坚持政府为公众提供普遍服务的理念，坚持公共交通无障碍建设的公益性，才能保证无障碍建设的持续健康发展。

以下是一些国家（城市）或地区的政府在公共交通无障碍建设方面的资金支持或补贴案例：

1. 中国香港——针对特殊需求居民的定额交通补贴、资助无障碍车辆更新

（1）针对特殊需求居民的定额交通补贴。

2008 年 7 月起，香港特别行政区政府向 12 至 64 岁、残疾程度严重的综援受助人和伤残津贴受惠人提供每月 200 港元交通补贴，特区政府估计每年需为此支付 2.3 亿港元。相当于 2008—2009 年度总财政支出（3151.12 亿港元）的 0.073%。

（2）资助无障碍车辆更新。

香港的无障碍出租车辆由香港复康会管理运营。自 1978 年起，香港政府便已资助香港复康会营运复康巴士，为有困难使用一般公共交通工具的残疾人士提供无障碍交通服务。2008—2009 年，特区政府向复康会增拨 2200 万港元，以更换无障碍出租车辆中的 24 部旧车、添置 8 部新车，进一步提升服务水平。仅此一项香港政府针对无障碍出租车的财政支出就占总财政支出的

0.007%。

2. 韩国——对无障碍出租车及公交车的年度预测及补贴

目前，韩国每年依据《交通弱者移动方便增进法》预测残疾人车辆的需求量，指定特殊交通车辆的运行数量，并且制定"年度新型超低板客车、残疾人电话调度出租车国库补助金额计划"。

2006 年度新型超低板公交车购买资金由国家财政、地方自治团体和公交企业三方共同筹集，前两者与后者出资比例为 2∶1（1.25 亿韩元∶6000 万韩元）。

3. 澳大利亚——交通津贴和优惠政策

（1）针对特殊需求居民的不定额交通津贴。

多个州政府实行出租汽车津贴计划（Taxi Transport Subsidy Scheme, TTSS），向符合一定条件的出行有障碍的人士以 IC 卡的形式发放出租津贴，这些人士乘坐出租车的费用的 50% 可以用津贴支付（每乘次津贴券使用不得超过 30 澳元，部分州限额为 60 澳元）。

新南威尔士州自 1981 年起实施 TTSS 计划，向符合一定条件的出行有障碍的人士发放出租津贴券。目前的情况是，持有津贴券的人士乘坐出租车的费用的 50% 可以用津贴券支付（每乘次使用不得超过 30 澳元）。

维多利亚州政府向符合一定条件并提出申请的残疾人提供最高每年 2180 澳元的无障碍出租车乘用津贴。

（2）给予出租车运营方的优惠政策。

新南威尔士州的悉尼市拥有 400 辆燃气轮椅无障碍出租车，占该市出租车总量的 7.8%。由于轮椅无障碍出租车的购置费和运营成本较高，政府给予运营企业一定的优惠政策，包括以下几条：

轮椅无障碍车辆的牌照费用较低，相当于一般出租车的 13.6%；

轮椅无障碍车辆的运营年限可达 10 年，而一般出租车为 6 年；

属轻型客货车车型的轮椅无障碍出租车，在运载 6 名以上乘客时，可按计程表收取 1.5 倍车费；

新南威尔士州为轮椅无障碍出租车司机免费开办为期两日的课程，以便司机学习如何为残疾人士提供优质服务。

维多利亚州政府为普通出租车改装为无障碍出租车、无障碍出租车设施改装等运营方行为提供补贴。

悉尼市针对无障碍出租车司机设立了"轮椅无障碍车辆司机勤工奖"（Incentive Payment for Wheelchair Accessible Taxi Drivers），无障碍出租车司机每服务 1 人次轮椅乘客可以从出租车咨询委员会（隶属于政府交通部门）获得至少 7.7 澳元的奖励，此举用以提高出租车无障碍服务的可靠性，加快服务反应时间。

4. 美国——政府投资购买轮椅无障碍出租汽车

美国经过对增加投资费用方面的总预算得出对无障碍设施每投资 1 美元国家可收益 17.5 美元。这个效益是很可观的，因为它可以使更多的残疾人就业，走劳动福利型道路，获得相应的生活收入，使他们由原来靠国家救济的人变成为社会做贡献的人，既改善了生活与地位，又促进了经济建设和社会稳定。因此在无障碍建设的费用计算上，应该考虑到由于残疾人能够参与社会工作而减轻了国家和家庭负担的不可预见费。

美国轮椅无障碍车辆 20 世纪 90 年代出现在纽约，纽约市曾一次引入 400 辆崭新的黄色出租汽车，专门为轮椅出行者服务。目前，美国各地无障碍出租汽车已经开始普及，美国政府还在对此项目加大投资，提升无障碍出租汽车的比例。福特等汽车公司也在纷纷生产设计各种车型的无障碍出租汽车，并研究制定标准车型和规范。

5. 法国——不定期的专门拨款

法国巴黎的无障碍公交系统资金主要来自政府的专门拨款，而这种拨款是根据残疾人团体的申请报告，酌情、不定期、不定额发放的。

6. 英国——政府发放无障碍出租车费津贴

伦敦市政府及伦敦各地方政府共同管理及出资，实行无障碍出租车卡计划，向严重行动不便的伦敦市民提供优惠的出租车费。截至 2006 年底，伦敦约有 7.7 万人拥有无障碍出租卡。持卡人每乘次可得最高 10.3—12.8 英镑的补贴，乘客则支付 1.5 英镑的统一车费及超出补贴额的计程费，补贴额度相当于 3—6 千米的车费。

第二节　重视服务对象，建立组织体系

许多发达国家和地区始终发动全社会力量，从不同角色位置进行无障碍技术研究。大学通用设计研究中心、相关企业研发部、相关民间组织、残疾人组织以及医疗、交通、福利等政府部门对各不相同却有密切联系的各种类别的无障碍设施技术进行不同层面的研究。许多发达国家和地区通过对服务对象的调查分析，专门的研究、实践、推广体系，来解决无障碍环境建设中遇到的问题。通过国际先进经验可以得知，上海需要高度重视公共交通无障碍环境理论研究以及对服务对象的调查分析，研究市民对公共交通无障碍环境的实际需求特点，结合先进的理论和技术，开展有针对性的、事半功倍的公共交通无障碍环境建设。

相应的，需要一个协调有效的组织体系来进行长期的、科学的、与时俱进的无障碍服务对象调查研究。从国际先进国家和地区的经验和现状来看，无障碍环境的建设，不是单单一个部门或机构就能够独自承担的，教育、福利、医疗、就业、交通等领域的政府部门必须紧密合作、贯彻执行才能确保无障碍环境建设顺利实施。同时，尽管建设无障碍环境是为每个社会成员服务的，但在现实生活中能在第一时间直接感受无障碍建设带来的方便舒适的人群还是生活中的行动不便人士，因而残疾人社团组织在无障碍建设中会发挥积极的作用。

所以，政府需要组织专门的无障碍机构来实施、监督、协调各部门的工作，同时，社团组织向政府、社会反映残疾人的需求，促使政府推进法律和政策的改革。

（一）中国香港——立法会有专门的资料收集研究机构

残疾人或相关社团向立法会议员反映公众对无障碍设施及服务的需求，议员在立法会会议上提出相关动议，经过立法会的程序提出议案乃至颁布政策。

立法会秘书处的资料研究及图书馆服务部为立法会议员、秘书处职员及市民提供各种研究及参考咨询服务，比如，在该部门 2006—2007 年度公开的研究文件中有《悉尼及伦敦可供轮椅上落的的士服务》资料摘要，为议员讨论相关决策提供参考。

（二）日本

日本国土交通省专设了"生活安心政策课"，负责无障碍及通用设计方面的相关事务在全国范围的推进。

担任日本国土交通省 2007 年颁布的《无障碍改善导则（车辆等篇）》的研究委员会委员的 49 人就包括了研究及设计、交通行业、国土交通部门、残疾人社团、相关社会团体的人员。

表 10-2-1　日本《无障碍改善导则（车辆等篇）》研究委员会委员构成

领域	人数
研究及设计	12
交通行业	12
国土交通部门	14
残疾人社会团体	5
相关社会团体	6
总计	49

（三）欧洲

在欧洲一个广为接受的观点是，残疾人的直接参与是公众交通服务系统能够服务于他们的关键因素之一。

1.法国格勒诺布尔——残疾人参与设计，多方密切合作

1987 年法国格勒诺布尔的有轨电车建设，有残疾人参与到了这个系统的设计中，并将这个有轨电车系统建设为一个无障碍系统。其后，这个系统的成功使得相同的思想被应用到了城市的常规公交车系统中。其发展分为两步，第一步是通过多学科知识的准备，定义无障碍，再由此发展具体地运用于机动车及车站的技术，当一项具体技术发展起来以后，就购买试用一些样品，如果试验成功，第二步便是实现这些设计。

在第一阶段，需要人体工程学专业人员、公交生产商、残疾人组织的技术部门等人员的密切合作。

2.瑞典哥德堡——设立与残疾人合作的长期性组织

哥德堡的 V. sttrafik 作为一家公交运营单位的同时，也是一个为残疾人（包括精神上和生理上的残疾）提供无障碍交通服务的组织。这个组织与残疾人社团有紧密的合作，找出残疾人在使用公共交通时的障碍，并提出解决方法。

当地的规划部门也建立了一个无障碍公共交通专题小组，残疾人组织秘书处与各部门进行合作，建立公共交通无障碍的标准。专题小组中包括来自公共交通各部门的代表。

这个地区发展议会在很多组织和政府机构的合作下，完成了道路修建导则和无障碍标准的制定。在这个无障碍性的标准制定中有一个很有趣的成果，就是用颜色来判断一个系统的无障碍性的完善度，由红黄绿表示了无障碍性的由无到高。

3.英国——无障碍评估，介入交通规划决策

中央政府鼓励地方政府任命规划局（英格兰为建设局）的一名官员作为专门的督察官员，在残疾人无障碍问题上提供准确的条款。

在默西塞德郡，交通总体规划由默西交通和五个当地权力机构负责。当地交通规划是一个五年计划，其中包括对残疾人的咨询。该规划旨在建立一个完善的无障碍交通体系，包括车站和铁路站。这五个和默西交通合作的机构都会咨询当地的残疾人组织。

默西塞德有全职的办公人员负责对目前的无障碍水平进行评估，并且建立一个导则。

（四）澳大利亚——地方政府建立包含多方人士的无障碍委员会

澳大利亚的各个地方政府建立由地区当局和地方社区组成的无障碍委员会，建立了无障碍委员会地方政府就可以向国家申请资金进行无障碍建设。委员会必须有地区的政府代表，包括议员，建筑、规划、工程管理人员，社区服务人员，并包括社区残疾人、老年人、倡导者代表等。一般下设四个分委会：交通无障碍分委会、通道规划无障碍分委会、建筑和工程无障碍分委会、宣传和联络无障碍分委会。

第三节　重视法规建立，设立专业援助机构

残疾人作为公民，有自由出行的权利。而根据 UITP（国际公共运输联盟）针对欧洲 19 个国家的调查，公共交通运营商均没有进行无障碍公交系统建设积极性和主动性，这些国家均通过法律和政策手段要求运营商进行无障碍建设。由此可见，法律保障对推进公共交通无障碍设施建设是非常必要的。发达国家和地区都非常重视无障碍环境法规体系的建立。通过不断调整与完善，形成了具体规定数量化、技术规定多样化、包含惩罚性规定与免责规定的无障碍环境法规体系，结合颁布分类细致的技术性规范，保障了公共交通无障碍设施的配置充足。

同时，许多发达国家和地区都设立了专业援助机构，招募专职的服务人员和志愿者，为残疾人士提供出行帮助，弥补了公共交通硬件设施服务能力的不足。

（一）中国香港

香港复康会（The Hong Kong Society for Rehabilitation），成立于 1959 年，是一家由私人创办的在政府部门正式注册的非牟利慈善机构，致力于协助由于患病或创伤而导致伤残的香港居民复康，以至自立。复康会的服务范围包括：无障碍交通及旅游、教育及倡议、适健及复康支援、职前培训及持续照顾。

香港复康会这一专业慈善机构的存在，扩展了香港无障碍事业的资金来源，便于接受香港政府、企业集团和个人的赞助。香港赛马会慈善信托基金长期资助香港复康会。2008 年 7 月，香港赛马会慈善信托基金拨出 1500 多万港元资助香港复康会三年的营运开支，并购买 20 辆可供轮椅上下的易达轿车。这笔捐助平均到每年，即相当于复康会当年所获政府同一项目财政资助的 23%。

复康会还通过赞助组建了香港的部分无障碍巴士线路，在推进香港无障碍交通建设方面有诸多突出业绩。

（二）日本

日本于 2000 年出台了《无障碍交通法案》，主要是为了提高老年人和残障人士在公共交通设施方面的机动性和可达性。法案规定地铁和公交运营者为老年人和残障人士提供自动梯、升降机、坡道和轮椅使用者的休息室等，以改善他们的活动与出行。法案还要求地方政府制定无障碍政策和规划，来保证老年人和残障人士能到达半径在 500—1000m 范围以内地域的道路、街道、广场和其他设施。

日本政府于 2006 年将《无障碍交通法案》与并行的一部建筑法案合并，新法覆盖了更多的建筑、设施、街道、道路、公园和停车设施，不遵守法规的业主和运营商将会被处以现行法规之上的重罚。

比如，日本国土交通省在 2006 年颁布的《无障碍新法》明确了设施行政管理者新建和改进无障碍设施的义务，覆盖了客运设施及车辆、道路、路外停车场及建筑物等，并编制了相应的标准和导则。使无障碍设施的建设覆盖了公共交通的所有环节，促进了公共交通无障碍环境体系的无缝衔接。

（三）英国

1.针对无障碍公共交通工具的立法

英国于 1995 年出台了《残疾歧视法案》，规定在英国运营的所有出租车都要分期达到可供轮椅上下，并在 2020 年之前实现这个目标。

伦敦市政府通过设立地方法规已使当地无障碍出租车的比例在 2000 年 1 月达到了 100%，相关法规还详细规定了无障碍出租车的设施配备应包括：坡道、防滑梯级、旋转座椅、彩色扶手、对讲机及安全带。出租车内部至少应有 700mm×1200mm×1625mm 的空间以供运载一部轮椅。

英国 2000 年出台了《无障碍公共汽车法规》。法规规定所有的公交车都需要配有无障碍设施，包括：轮椅乘客有安全的空间、轮椅乘客上下车的设备、一定数目的专座、台阶的大小和高度、扶手、色彩醒目的功能指示说明、按铃、要求停车或上车的声音和视觉的信号、公交线路图等。由于已有车辆无法改装，政府同意在车辆报废更新时更换无障碍公交车。法规规定所有的公交车，包括新的和旧的，在 2017 年前达到该标准。

图 10-3-1
英国伦敦的出租车 TX
车型

法规对无障碍公交车的各个方面都做了详尽的规定。

表 10-3-1　英国无障碍公共汽车法规对无障碍公交车标准规定示例

设计需要	为了轮椅乘客和其他乘客的安全，面向前方的轮椅使用者使用约束系统非常重要；这种约束装置必须能为大部分轮椅使用，包括手动的、电动的以及各种尺寸的轮椅。
最佳做法	选择最好的约束装置的标准是简单、快捷、适用面广；四点安全带系统是一个比较好的例子。
附录	介绍了色彩的使用、为何需要对比强烈及如何做到对比：涉及对比色的色度、光反射率值和色调等因素在各种不同环境设计中的运用。

2. 针对轮椅提供无障碍公交服务的立法

在 1995 年出台的《残疾歧视法案》中，明确规定了公共交通服务人员提供无障碍服务的义务及免责条款，服务人员如不履行这些义务，即属犯罪，一经宣判，即处以罚金。

（四）澳大利亚

1992 年，澳大利亚联邦政府通过了《残疾歧视法》（Disability Discrimination Act，1992），旨在从多方面（公共交通、教育、就业、进出场所及居住）消除对残疾人的歧视。

澳大利亚联邦政府经过长时间咨询残疾人士和运输业后，在 2002 年公布了《可供残疾人使用公共交通标准》，规定公共交通应如何供残疾人进出上下，以便落实《残疾歧视法》的条文，例如规定轮椅、坡道及门道的标准，并特别规定，到 2008 年，轮椅无障碍出租车对无障碍服务需求的回应时间，应与普通出租车相同。

（五）美国

1968 年美国联邦政府正式通过《建筑无障碍法》，明确规定了残疾人在政府投资兴建的公共建筑和市政设施中应能方便通行和进行使用的权益。残疾人在通行和使用设施中如果遇到障碍和问题时可进行投诉，被投诉的部门会受到罚款处理。因而，一些城市或地区在新建或改造后的道路与建筑物的无障碍设施都非常普及。

第四节　无缝衔接的公共交通无障碍环境体系

国际公共交通联合会（UITP）的决议中指出：公共交通应该为每一个人使用，政府及有关部门应当努力消除公共交通使用过程中生理与心理等各方面的障碍，建立一个安全的无缝的城市交通体系。

当今世界最先进的无障碍环境建设内容的发展已计入全方位无障碍环境建设阶段。在全方位的无障碍环境建设阶段，物质环境的无障碍建设特别是交通无障碍依然是建设重点之一。

国内外在构建立体化、网络化和无缝衔接的公共交通无障碍环境体系方面有很多具体的实践，对公交无障碍建设颇有启发意义。

（一）中国

1.广州——网络化的亚运无障碍建设项目

广州市在筹备第 16 届亚运会期间，完善了包含城市道路、城市广场、公园、公共交通工具在内的无障碍交通体系，其中不乏盲文站牌、盲人语音遥控报站系统等在中国内地有领先水平的交通无障碍服务设施和系统。

表 10-4-1 广州市迎亚运无障碍建设项目

项目名称	检查内容
城市道路	盲道、坡道、过街音响设施、无障碍标志
广百北京路总店	出入口盲道、坡道、盲人导行图、无障碍停车位、无障碍电梯、无障碍厕所、低位收款台、低位服务窗口、低位取款机、无障碍标志
城市广场	盲道、坡道、信息屏幕系统、无障碍标志
公园	出入口盲道、坡道、无障碍厕所、低位服务窗台、无障碍停车位、无障碍标志
公交车、出租车、长途汽车	无障碍低底盘、电子显示字幕及语音提示设备、轮椅席位
列车	站台与列车间无障碍过渡、电子显示字幕及语音提示设备、轮椅席位、无障碍厕位
地铁车站	盲道、坡道、无障碍电梯、电子显示字幕及语音提示设备、无障碍标志

2. 香港

（1）轨道交通完善的无障碍信息平台建设。

香港轨道交通 MRT 网站及时报道每一个地铁站无障碍设施的种类、位置、使用方法以及维修时间，从而让乘客可以获得确切的使用信息。

表 10-4-2 香港 MRT 网站轨道交通无障碍设施信息发布示例

车站	电话号码	路面／大堂	大堂／月台
机场快线			
九龙	27360162	客用升降机	客用升降机
青衣	24499125	客用升降机	客用升降机
机场	22610522	经接机大堂两侧的通道直接进入月台	

（2）多样化的轮椅无障碍出租车服务。

香港的无障碍出租车针对不同的需求，分为复康巴士、易达巴士、易达轿车三种类型，统一由香港复康会负责运营。

表 10-4-3　香港无障碍出租车概况

车队名称	复康巴士	易达巴士	易达轿车
	Rehabus	Easy Access Transport Services Limited	Accessible Hire Car Service
成立时间	1978 年	2001 年	2008 年
车辆数	109	26	20
车型	小型复康巴士可接载 12 人，大型巴士最多可容纳 30 人	可载 5 名轮椅乘客与 15 名普通乘客	可载 1 名轮椅乘客与 5 名普通乘客；或 2 名轮椅乘客与 2 名普通乘客
无障碍装置	轮椅升降机	轮椅升降机	伸缩坡道及电力牵引绳索
资金来源	香港特别行政区劳工及福利局	香港医院管理局委托康复会承办	香港赛马会慈善信托基金
服务方式	固定线路、电召服务、联载服务及穿梭巴士	只用于提供往返医院、复诊、治疗及相关活动；闲时提供无障碍旅游服务	电召服务
服务对象	所有行动不便者，不能使用公共交通的残疾人士有优先权	年满 60 岁且行动困难；所有行动不便者，不能使用公共交通的残疾人士有优先权	所有行动不便者，不能使用公共交通的残疾人士有优先权

（3）多样化的轮椅无障碍出租车服务。

香港低地台公交车占公交车总量的比例也在 50% 以上。

（4）无缝衔接的道路交通枢纽无障碍设施建设。

香港街道尺度小，人行道普遍比较狭窄，不利于铺设行进盲道，因此香港一般人行道的盲道系统以提示盲道为主，避免了行进盲道铺错导致的危险，减少了工程量和维护量，提高了人行道的行走舒适度，可谓一举多得；而在公交枢纽、轨道交通站点等需要很强指向性的地点，则由行进盲道和提示盲道以及相关附属设施组成非常完备的盲道系统。

香港的大型公交枢纽设置了材质牢固的由立体图案和盲文组成的盲人地图。在站台设置专门的轮椅等候区，上车次序排在一般乘客之前。

图 10-4-1　普通人行道仅铺设提示盲道（左上）
图 10-4-2　公交枢纽站台的轮椅等候区（右上）
图 10-4-3　公交车站的盲人地图（左下）
图 10-4-4　公交枢纽的完备盲道与轮椅通道合设（右下）

（二）日本

1. 无缝衔接的无障碍体系

日本国土交通省在 2006 年颁布的《无障碍新法》，明确了设施行政管理部门新建和改进无障碍设施的义务，覆盖了客运设施及车辆、道路、路外停车场及建筑物等，并编制了相应的标准和导则。使无障碍设施的建设覆盖了公共交通的所有环节，促进了公共交通无障碍环境体系的无缝衔接。

2. 轨道交通无障碍服务

日本地铁工作人员遇到轮椅出行者乘坐地铁的情况，会询问乘客到哪一站下车，在乘客上车前，会用一块平板在地铁门和站台之间铺成坡道，将轮椅推入车厢，然后与乘客下车站点联系，通知下客站的工作人员提供接应服务。操作简单而人性化的无障碍服务一定程度上弥补了硬件的不足。

在日本北海道的一些城市，当有残疾人要乘坐自动扶梯时，工作人员首先在滚梯口设置禁行标记，随后将电梯中三个台阶合并成一个比较宽的台阶，这样残疾人便可使用轮椅搭载滚梯。这样即使没有空间设置无障碍电梯，利用现有的自动扶梯也可以实现轮椅无障碍上下楼。

3. 行人智能交通系统（Intelligent Transportation System，ITS）

日本是最重视将 ITS 系统应用于出行弱势群体的国家。行人 ITS 系统主要向三个目标迈进：创造高龄者能安心、舒适出行的道路环境；执行《无障碍空间法》确保残障人士积极参与社会活动；利用资讯发展创造整合个人相关资讯的信息社会。

日本的行人 ITS 系统主要利用个人便携设备的发展来提供行人安全防护和资讯获取。

（三）韩国——便于快速识别的公交无障碍设计

韩国首尔制定了一套通过颜色以及号码差别快速识别公交车的信息系统。

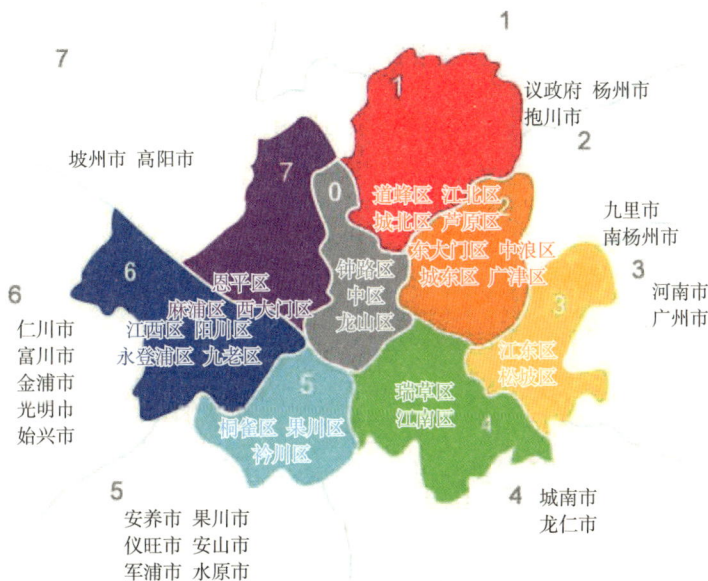

图 10-4-5　首尔市内汽车区域划分

首尔市内汽车种类	首尔市内汽车号码体系
蓝车	**3位号码：出发区域+到达区域+连号 (0~9)** 例)048 0：从0所对应的首尔钟路区、中区、龙山区出发 4：到达4所对应的首尔市瑞草区、江南区 8：连号
绿车	**4位号码：出发区域+到达区域+连号 (11~99)** 例)1013 1：从1所对应的首尔市道峰、江北、城北、芦原区出发 0：到达0所对应的首尔市钟路区、中区、龙山区 12：连号
红车	**4位号码：9(广域号码)+ 出发区域 + 连号 (00~99)** 例)9112 9：代表广域(即大范围)的数字9常附于红车上 1：从1所对应的首尔外廓议政府、杨州、抱川市出发 12：连号
黄车	**2位号码：区域号码+连号 (1~9)** 例)01 0：循环于0所对应的首尔钟路区、中区、龙山区出发 1：连号

图 10-4-6　首尔市内汽车号码体系

（四）欧洲

1. 重视信息、服务等公交无障碍软件环境的建设

（1）英国伦敦。

伦敦市印制了一本名为《正确做法》（Getting it Right）的小册子及数码影像光碟，教导出租车司机如何协助残疾人士使用无障碍出租车服务。

（2）捷克布拉格。

捷克布拉格在网络及宣传手册上公布轨道交通站点的无障碍设施位置信息。

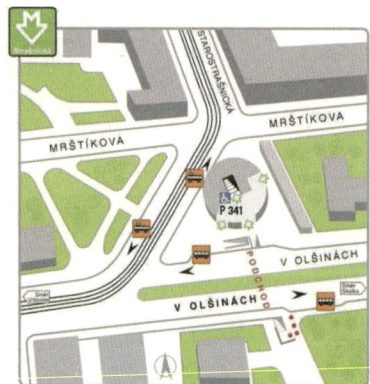

图 10-4-7　布拉格在网络、公交手册上公布的轨道交通无障碍设施位置信息示意图

图 10-4-8
荷兰阿姆斯特丹公交站电子站牌

图 10-4-9
法国巴黎东站枢纽的电子信息牌

（3）站牌设施。

部分欧洲城市的公交站牌都使用电子站牌和较大的字符，易于更新数据和读取。

2. 常规公交车低地台车辆比例较高，站台配套建设较完善

在车型选择方面，欧洲城市一般都选用低地台公交车。低地台公交车的底盘上配有升降气囊或类似的升降装置，在公交车停靠在站点时，此类装置可以很快地（一般在5秒之内）将开门一侧的地台下降到与缘石等高的程度，不仅残疾乘客上下车方便，普通乘客上下车也更为方便快速。欧洲发达地区城市的公交线路无障碍车辆配置比例都比较高，普遍在 50%—100% 之间。

瑞士伯尔尼的低地台有轨电车   德国埃尔夫特的低地台有轨电车

德国魏玛的低地台可升降公交车   法国斯特拉斯堡的低地台公交车

图 10-4-10　欧洲部分城市的低地台公交车

　　德国一家公司设计的公交车停车站打破常规的候车站形状，可以同时接纳多辆车分区靠站。尤其是独特的边缘设计可以让公交车尽量靠近路缘石，从而方便乘客上车，防止行人踏空。如果是低地板公交车辆，甚至可以直接将轮椅推上公交车。

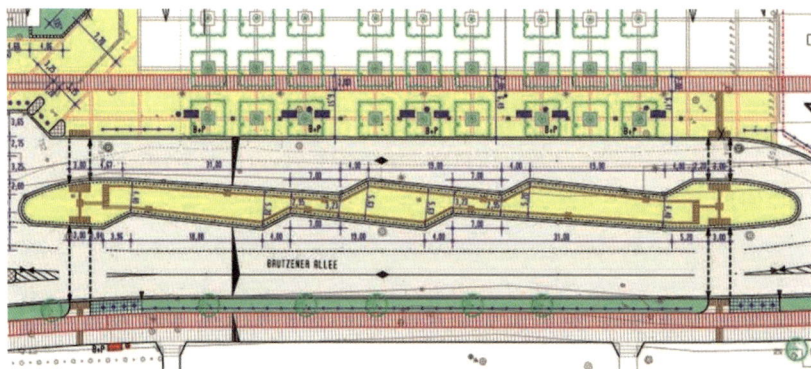

图 10-4-11　德国路中式公交车站设计

图 10-4-12　德国公交车站路缘石设计（减少轮胎摩擦）

　　类似的侧面倾斜的路缘石设计实际已在欧洲一些国家如英国、德国、瑞士实践应用，切实改善了无障碍车辆的运行环境，明显提高了人行道与低地台车辆的衔接度。

　　在欧洲的一项调查中，欧洲城市达成的共识是，新公交汽电车中低地台车辆占 80% 或以上。以德国为例，德国的公交车全部为低地台车辆，在停车靠站时，车内地板仅略高于路缘石，部分车辆配置了升降系统，可以做到车内地板与路缘石基本持平。

　　德国的经验表明，对无障碍公交车辆的基本要求应包含以下内容：足够安放轮椅需要的空间（900mm × 1300mm）；轮椅乘客需要有装置能与司机取得联系；车内地面应平整无障碍物；在车上应该有专门供特殊人群观看的路线图。

（五）澳大利亚

　　澳大利亚维多利亚州 4757 辆出租车中，有 391 辆为轮椅无障碍出租车，比例为 8.2%，超过 50% 的公交车为低地台公交车。

　　在城市的发展壮大的过程中，公共交通的形式将随之日益多样化，规模将持续增大，只有建立一个与之相适应的立体化、网络化和无缝衔接的公共交通无障碍环境体系，才能全面发挥无障碍设施的效用，为市民提供全面完善的无障碍服务。

第五节　社会公众意识和无障碍知识普及

　　社会对残疾人、老年人和其他出行不方便者的理解和认同，全社会无障碍意识的培养与创建，是这些弱势群体融入社会、自我实现的重要保证。

　　许多发达国家和地区通过对特殊需求人士、普通民众、服务人员和专业人员四类人群的无障碍意识宣传、无障碍知识培训、无障碍知识和设计教育，由浅入深、由普遍到专业地营造无障碍社会环境，造成了积极深远的社会影响。

（一）中国香港

　　为了促成出租汽车行业引进可接载整部轮椅的出租车，香港运输署联同机电工程署在 2006 年 4 月举办简报会，向汽车业界介绍该类出租汽车的规格要求，以便业界物色合适的车种。

（二）日本

　　日本建筑学会下设的规划委员会建立了残疾人分会，其一项主要任务就是在日本高校系统推广无障碍设计教育。1993 年，该分会进行的调查表明：70% 的院校（包含建筑、土木工程、结构设计、室内设计、环境设计和规划、交通等领域）开设了无障碍设计课程，课程内容包括设计练习、残障人士和老年人的生理学和心理学、法规学习等。这类课程使通用设计理念在各行业设计人员中得到普及，对全社会的无障碍环境营造都具有深远的影响。

　　1991 年日本横滨国立大学的调查表明，受调查的有多年工作经验的建筑师约有 86% 对无障碍设计没有涉猎。因此，已工作的专业人员的知识更新十分重要，2006 年 6 月新的《无障碍法》的颁布将进一步督促专业人员学习新的设计知识，更新原有知识，适应社会的发展。

　　日本无障碍社会环境的营造由浅入深，由普遍到专业，包括宣传、培训、教育三个层次，涉及对象分成特殊需求人士、普通民众、服务人员和专业人员四种类型，实现全面的无障碍社会环境的营造。

日本国土交通省专设了"生活安心政策课"，负责无障碍及通用设计方面的相关事务，在国土交通省的官方网站上专门设置了无障碍互动页面，征询国民对各方面无障碍环境建设的疑问和建议，并予以答复。

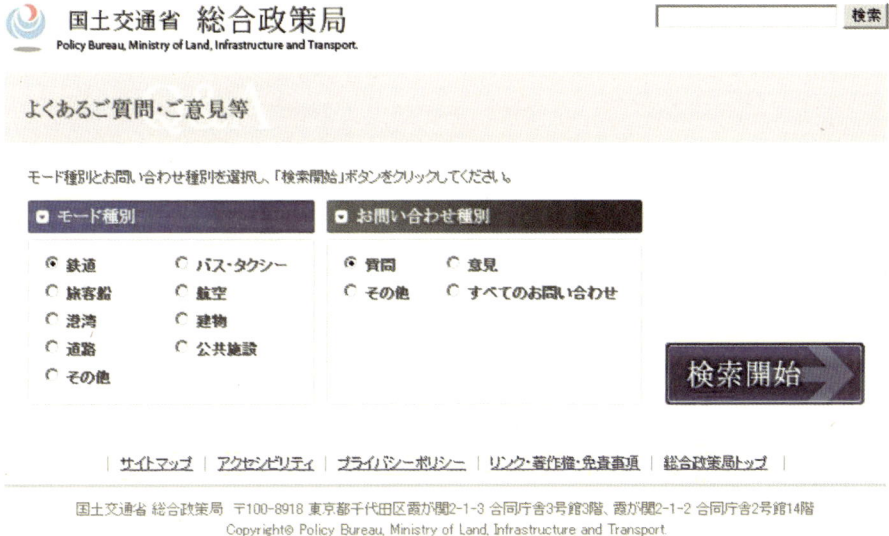

图10-5-1　日本国土交通省无障碍环境建设疑问及建议页面

（三）其他

欧美、日本、澳加等发达国家实行的融合式教育（Inclusion Education Programs）（也有特殊教育机构），使孩子们从小在实践中学习理解尊重不同的孩子（包括残疾儿童），并学习如何与他们平等相处，如何帮助他们。学校在课程设置上也加强了无障碍知识的教授。

联合国大会在1993年12月"残疾人机会均等准则"中指出："国家应采取一些措施，以消除实际中存在的和有碍于参与的因素。这些措施包括制定标准及指南，并考虑建设法律机制，以确保各个地区的住房、建筑、公共交通服务及其他运输方式、街道和其他户外环境等方面的设施都有所保证。"

许多先进国家和地区的政府部门主要通过为无障碍公交服务提供专项财政资金或补贴来实践为公众提供普遍服务的先进理念。诸多成功经验表明，只有坚持政府为公众提供普遍服务的理念，坚持公共交通无障碍建设的公益性，才能保证无障碍建设的持续健康发展。

第十一章

公共交通的无障碍出行链

第一节 出行链与无障碍的制约

一、出行是一个连续不间断的过程

每一次出行都是一个过程，并且应该是一个完整的、连续不间断的过程。交通无障碍设施是消解出行过程中各种障碍的有效手段。残疾人的出行过程与健全人相仿，甚至完全相同。但是使用经验表明，只有当交通无障碍设施形成一个贯通的网络化的空间布局时，才能有效地为残疾人的出行服务。因为出行过程中的任何一个隔断，在残疾人看来，都很可能是无法逾越的障碍。

不同类型的残疾人对出行全过程都存在不同的需求，不同类型的交通无障碍设施往往又只是服务于出行过程中的某些特定环节。

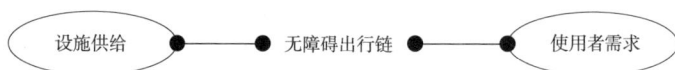

设施供给 ●—● 无障碍出行链 ●—● 使用者需求

图 11-1-1 设施供求关系分析思路

为建立起一条能够连接交通无障碍设施供求关系的纽带，以 Frye 在 1996 年提出的"无障碍出行链"概念为基础，结合我国城市居民多采用步行、非机动车和公共交通等出行方式出行的特点，将交通无障碍设施的供给和使用者的需求都归纳到这条"出行链"上，使两者具有可比性。

完整的"无障碍出行链"由九个步骤组成，分为四大阶段，包含了独立或借助辅助设备在人行道路上通行和公共交通等出行方式。"出行链"中不考虑轻度残疾的残疾人使用自行车、助动车等非机动交通工具出行的情况。

第一阶段为"获取信息"，指的是出行发生前，残疾人预先了解出行过程中交通无障碍设施服务信息的可能性。

第二阶段从"起点出发"至"到达车站"和第四阶段"离开车站"至

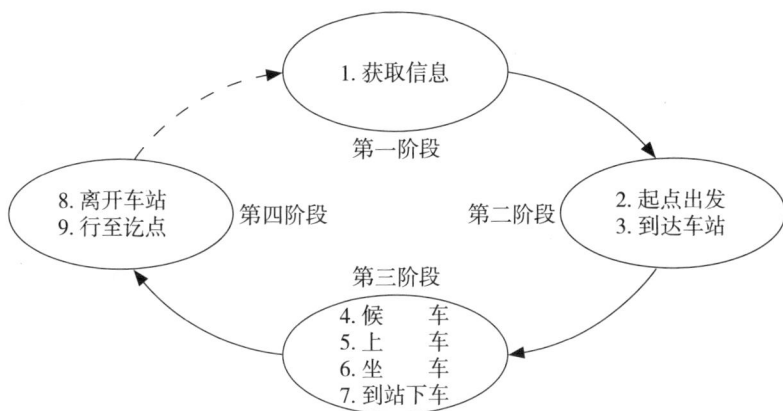

图 11-1-2　无障碍出行链：九个步骤，四个阶段

"行至讫点"，指的是个体出行过程中独立或借助辅助设备在道路上通行的状态。

第三阶段从"候车"至"到站下车"，指的是使用公共交通设施的过程，包括使用公交车站和车辆的无障碍设施。其中，第二阶段的"到达车站"和第四阶段的"离开车站"这两个步骤，涉及与第三阶段公共交通设施使用间的衔接。

不同出行方式也会形成其他类型的"无障碍出行链"（以下简称出行链），比如使用出租车就会简化出行过程。这些差别都会在接下来的分析中详细描述。

二、出行链第一阶段：出行信息

出行链第一个步骤"获取信息"，指的是使用者在出行发生前，就可以通过某些手段获取出行过程中的设施信息，以便事先做好必要的准备工作和设施预约。以上海市为例，现有各类无障碍交通设施，除了无障碍出租车可通过电话预约（必须至少提前1天）之外，公共交通无障碍设施尚不存在预先获得设施信息的渠道。譬如，调查中发现轨道交通站点的垂直升降梯在不同站点的布局各有差异，如果在出行前能够查阅到准确的站点平面图信息，或向站点管理处预约大概的使用时间，那么会给使用者带来极大的便捷。

表 11-1-1　出行链第一阶段的无障碍环境建设需求

步骤	类别	设施名称	使用者	法律效应	责任部门	供给量	实际问题	成本
1	出行信息	信息平台	所有人	未规定	待定	未普及	已有的信息发布不规范	信息平台的建设和维护成本

目前，上海地铁、常规公交的官方网站中没有任何系统性的无障碍设施信息。以地铁官网主页为例，在打开"地铁周边地图查询"页面后，还需要进入各站点的详细地图。每个站点的地图的比例、图例都没有统一格式，即使其中标注了无障碍设施，图例的色彩和尺寸也偏小，显然不足以让使用者"无障碍"地浏览。

图 11-1-3　轨道交通人民广场站示意图　　　　图 11-1-4　轨道交通上海南站站示意图

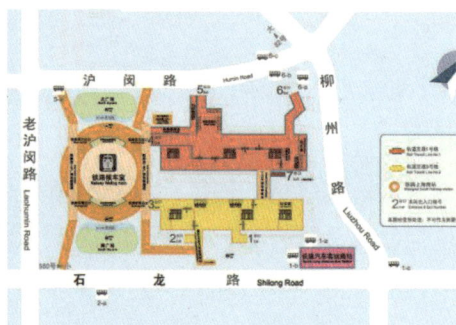

三、出行链第二、第四阶段：人行道路无障碍设施

表 11-1-2　出行链第二、第四阶段的无障碍环境建设需求

步骤	类别	设施名称	使用者	强制性	责任部门	供给量	实际问题	成本
2389	无障碍人行道路	缘石坡道	所有人	必须	市政部门	普及		行业标准
		盲道（包括常规公交站）	类型3		市政部门	未普及	建设/管理/维护	
		安全梯道	所有人		市政部门	普及		
		轮椅坡道	类型1、2、4、5、6		市政部门	普及		
		人行横道	所有人		市政部门	普及		
		提示标志	所有人		路管局等	未普及	标志规格	
		垂直升降梯	所有人	可选择	市政部门	无		

目前，各城市在这方面都存在诸多问题。

（一）道路导盲问题多

1.盲道——建设不规范、占用、损坏、管理困难

盲道是保障视力残疾人完成出行活动的重要设施。人行道路的盲道在建设、管理和维护方面均存在各种问题，严重影响使用效果。

相当部分的盲道建设不规范，比如遇到电线杆、路障等设施，未能绕行，在道路行将终止或路况发生变化时未设提示盲道，提示盲道和行进盲道铺设时混淆使用，尤其行进盲道的不规范铺设很容易造成误导。

如前文所述，盲道建成后被占用的现象仍十分严重，比如人行道停车、建书报亭、堆物等。不少盲道发生缺损、断裂，已经难以通过触觉辨识。一般人行道的建设由市政部门负责，但针对盲道的维护和管理没有专门的法律规范，不能及时地改正、改进盲道出现的种种问题。

使用过人行道盲道的盲人基本都遇到过障碍，容易遭遇危险或发生伤害事故。因此，由于以上原因，上海城市道路人行道上的盲道使用率极低，呈现名不副实的尴尬局面。

2.大部分路段未开通交通信号灯音响装置

市区大部分路段未开通广受视力残疾人好评的交通信号灯音响装置，部分路段的音响装置因对居民生活造成噪声污染而取消。

（二）常规公交——盲文候车信息牌未按行业标准建设

行业标准要求的常规公交盲文候车信息牌等设施尚未建设。

在大型公交枢纽和轨道交通站点都缺乏盲文地图，公交枢纽是公共交通换乘的重要节点，通常空间布局比较复杂，盲人获得方位、设施信息困难。而盲文地图在先进国家和地区是比较普遍的重要无障碍设施。

（三）提示标识建设不规范

无论在人行道路还是公共交通站点，都常常找不到容易识别的无障碍提示标志，耗费了设施使用者的时间和体力。

（四）垂直升降梯缺失

相当一部分交通干道上的过街天桥没有电梯，桥下围栏没有出口，使用轮椅的人和部分肢体残疾人不得不绕远路过街。

用于解决人行天桥、过街地道中加建轮椅坡道空间不足问题的垂直升降

梯,一直未在上海市内得到推广。

(五)缘石坡道和过街横道线没有衔接

部分缘石坡道与过街横线道存在错位的现象,对残疾人士过街造成不便。

图 11-1-5 缘石坡道与过街横线道错位

图 11-1-6 没有无障碍通道的过街天桥
(延安西路江苏路口)

四、出行第三阶段:公交无障碍设施

表 11-1-3 出行链第三阶段的无障碍环境建设需求

步骤	类别	设施名称	使用者	强制性	责任部门	供给量	实际问题	成本
4	公交无障碍(常规公交)	公交报站	类型3	必须	公交运营方	无	解决噪音污染问题	技术开发
5 7		低地板低入口	所有人	地方性项目		未普及	使用率低	低底板(带底盘升降系统或轮椅导板)公交车的技术要求和造价较高
		底盘升降设施(或轮椅导板)	所有人			未普及		
6		固定设施	类型1、2			未普及		
3 8	公交无障碍(轨道交通)	盲道	类型3	必须	公司	普及	维护	行业标准
		入口坡道	类型1、2、4、5、6			普及		
		垂直升降梯	所有人			普及	布局/使用/维护	
4 7		专用厕所	类型1、2			普及		
		站内盲文地图	类型3			无	建设/维护	行业标准
3—8		爱心接力	所有人	地方性服务		普及	人力资源不足	人力成本

（一）常规公交缺少无障碍设施

1.轮椅无障碍公交车不能有效改善肢体残疾人的出行质量

当前常规公交车的无障碍设施设置主要是针对使用轮椅的肢体残疾人的需求。普通的常规公交车辆没有无障碍设施。上海市小于1/500的无障碍公交车普及率，也说明这30辆公交车的无障碍设施不可能有效改善全市肢体残疾人的出行质量。

2.盲人获得即时车辆信息困难

上海市无障碍常规公交车的服务内容主要针对肢体残疾人。数年前取消车外报站装置，给视力残疾人识别线路、判断车辆停靠位置造成障碍。

从残疾人反映的情况来看，语音报站仍是他们了解来车线路、辨别车辆方位最直观的方式，这一无障碍服务对他们来说非常重要。

（二）轨道交通

1.部分无障碍电梯的使用受人工服务制约

垂直升降梯是轨道交通站点内主要的机械化无障碍设施，与普通升降电梯无异，操作简单。但为了防止随意使用造成损坏以及收费管理困难问题，部分车站的无障碍电梯要使用，必须先呼叫站点服务人员后，由服务人员陪同使用。等待时间的长短取决于站点服务人员的忙碌程度，这一不确定性也限制了"轮椅乘客"独立出行的自由。

2.缺少盲文地图

确定方位对于增强盲人出行的安全感和独立性非常重要。在访谈中，大部分盲人都表示相比轨道交通更倾向于常规公交。因为轨道交通的地面层、站厅层、站台层之间的联系通道有许多转折，容易使他们失去方向感。而在轨道交通站点寻找合适的出入口，对于健全人也是一件较为复杂的事，盲人寻求健全人的帮助就更困难了，地铁站平面各不相同，有的较为复杂，没有盲文地图，视力残疾人要在健全人的描述下寻找正确的出入口是十分困难的。

轨道交通车辆的线路、行驶方向非常容易分辨，上下车安全度高，实际上非常适合视力残疾人使用，因此，在地铁站点设置盲文地图十分重要，这对盲人是否使用轨道交通有着决定性的影响。以下我们以上海为案例分析公交出行的各个环节及障碍。

第二节 上海常规公交无障碍环境

（一）常规公交无障碍环境概况

上海常规公交系统的无障碍环境建设以公交工具——公共汽车无障碍为主，通过在部分线路运营中投放轮椅无障碍车辆实现。在新建的大型公交枢纽，可见一些站台盲道设施，此外则未见无障碍设施。

图 11-2-1 地铁长江南路站公交枢纽站的站台盲道设施

上海的无障碍公交车最初是在 2004 年投入使用，车型为低地台公交车。当时主要投放在 926 路、42 路等公交线上，此类车辆在上海市交通运输和港口管理局没有被登记为无障碍公交车。

截至 2009 年底，上海市交通运输和港口管理局登记认可的无障碍公交车共有 30 辆，在 2008 年都已投入使用，分布在 6 条线路上，分别是 43 路、49 路、63 路、71 路、108 路、85 路。现在上海的无障碍车型主要有 3 种，其中 43 路、49 路、63 路共 10 辆申沃客车，108 路是 10 辆太湖车，85 路是 10 辆金华青年车。

表 11-2-1　公交汽电车无障碍车辆配备情况

车型	应用线路	车队车辆总数	无障碍车辆数	配备无障碍设施	图片
申沃SWB6125	43 路	61	2	中门配备手动翻转导向板，供轮椅上下。	
	49 路	32	3		
	63 路	40	5		
太湖CA6100S1H2	108 路	26	10	中门配备电动伸缩导向板，伸出与收回各耗时 3 分钟；车厢中门配备固定轮椅的地槽和安全带。	
青年JNP6180G	85 路	30	10	中门配备电动伸缩导向板，伸出与收回各耗时 3 分钟；车厢中门配备固定轮椅的地槽和安全带；低地台，底盘装有气囊，可升降；中门区域配备翻板式无障碍席位。	

（二）常规公交的系统性问题

肢体残疾人反映的乘坐公交最大的不便集中在"公交车踏板过高""等车时间过长""不知下一班车何时到达"三点，其中"等车时间过长"这一问题一方面是上海市公交系统发展阶段所限，另一方面也和"不知下一班车何时到达"一样是由于乘客难以获取班次信息造成的。

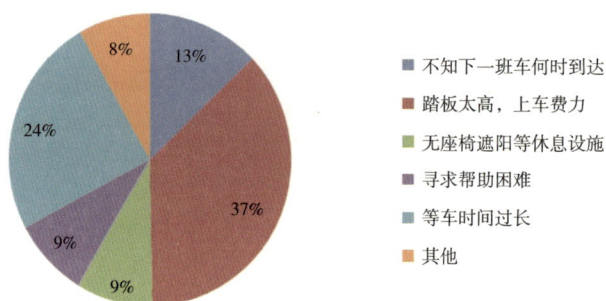

图例：
- 不知下一班车何时到达
- 踏板太高，上车费力
- 无座椅遮阳等休息设施
- 寻求帮助困难
- 等车时间过长
- 其他

图 11-2-2 视力残疾人问卷调查反映的常规公交现状问题

视力残疾人对常规公交无障碍环境问题反映最多的是"进站车辆难以分辨"的问题。其次为"不知下班车何时到达"，这一问题和肢体残疾人的反馈一样，也是没有信息发布平台造成的。

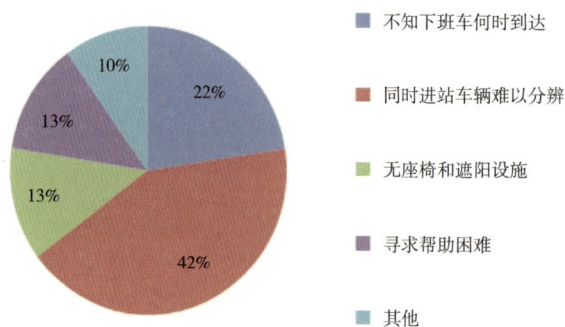

图例：
- 不知下班车何时到达
- 同时进站车辆难以分辨
- 无座椅和遮阳设施
- 寻求帮助困难
- 其他

图 11-2-3 视力残疾人问卷调查反映的常规公交现状问题

残疾人士的反馈主要突出了常规公交系统无障碍环境建设的几个问题。

表 11-2-2　上海常规公共交通无障碍环境建设的系统性问题

系统性制约	原因	解决问题的办法	解决问题的障碍
车辆拥挤，不适合轮椅乘客使用	城市人口密度高；常规公交出行比例高于大多数国际城市；城市公交系统仍在大建设大发展阶段	各个公交系统之间的有机分工和配合；针对轮椅乘客服务的无障碍线路或班车	需要提前规划，长期建设；需要专门的服务对象研究；需要有效的运作管理机制
取消车外语音报站，盲人乘坐更加困难	市民反映车外报站有噪声污染	恢复语音报站；研发新的语音报站技术，由盲人控制的互动的车辆语音报站；建立更明显的信息标识系统	现有公交车大多数没有车外喇叭；技术研发和推广需要资金
导板式轮椅无障碍车型与道路设施不匹配	操作时间长；使用导板时对非机动车道上的行人造成障碍和危险；有的站台在机非分隔带上，有导板轮椅也无法上下	使用低地台公交车或低地台带升降功能的公交车	需要明确车辆准入标准
无障碍车辆配置率低，使用率低	线路配置率和总体配置率都很低，无障碍班次有限；无障碍车辆发车无固定班次，没有信息平台，轮椅乘客无从知晓无障碍车辆何时到达	建立信息平台；提高轮椅无障碍车辆的配置率；也可暂时集中利用有限的车辆组成示范线路	信息平台建设需要技术和资金；车辆更换需要资金支持；提高配置率具有长期性；开辟示范线路需要进行具体的服务对象研究
站点配套设施问题	城市建设的阶段性	提高建设的规范度和标准	建设投入大，具有长期性

1.公交车拥挤，不适合为使用轮椅的人士提供服务

（1）制约。

国内外先进城市的常规公交的无障碍建设也以在日常运营中使用轮椅无障碍公交车为主，但这些发达地区或者市中心人口密度不及上海高，常规公交乘客不及上海多，或者人口密度很高，但是常规公交出行比例不高。一些国际城市的公共汽电车人均拥有量高于上海，东京的公共汽电车人均保有量低于上海，但是东京的轨道交通系统运量远高于上海。

千人拥有公共汽车（辆）

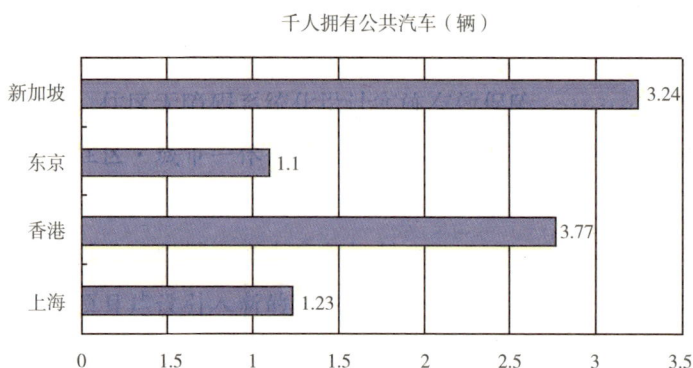

图 11-2-4　2007 年部分城市公共汽电车人均保有量

　　上海市区的公交线路在高峰时段大多都非常拥挤，在平峰时段部分热门线路乘客也很多，相当部分无障碍公交车配备在热门线路上，也无法为使用轮椅出行的残疾人和老年人提供服务。公交汽电车对使用轮椅的人士的适用性是有限的。

　　（2）解决问题的障碍。

　　要改善这一状况，必须对公交无障碍环境建设的整体发展方向有明确的认识，提前规划，长期建设，早日实现各个公交系统之间的有机分工和配合，来使公交车的运量维持在一个比较合理的水平；规划特定的无障碍线路或班车，为使用轮椅的有需要的人士提供专门的无障碍服务，线路联络几个轮椅出行人士共同的重要的出行目的地，或开通定期接送就医的班车，需要针对轮椅乘客进行专门的服务对象研究，设立有效的运作管理机制，这些措施都需要大量的资金支持。

　　2. 公交车取消到站车外报站，盲人呼吁恢复

　　（1）制约。

　　20 世纪 90 年代上海公交汽电车曾经实行过车外报站制度。当公交车靠站时，司机会启动车外报站按钮，公交车的对外喇叭会语音播报车辆线路和行驶方向，这一服务极大地方便了视力残疾人辨识和使用公交车。但是有不少市民提出这种服务造成了噪声污染，公交车车外报站遂被取消。近年来，视力残疾人对恢复此项服务的呼声一直很高，而最近更新的公交汽电车辆，已经不再装备外喇叭，该制度的恢复有一定的难度。

有低视力残疾人反映，公交车现在外观统一，线路标志不明显，也造成他们在线路辨识上的困难。

（2）解决问题的障碍。

尽管现在其他先进国际城市的常规公交也普遍没有车外语音报站体系，但是从上海以前的实践经验表明，车外语音报站对视力残疾人而言是十分便利的无障碍服务措施。但恢复语音报站目前面临着两大障碍：要尽量避免噪声污染，就需要改进语音报站技术，实现报站服务的供需互动、平衡；现有公交车大多数没有车外喇叭。

3. 导板式轮椅无障碍车型与道路设施不匹配，服务水平有限

（1）制约。

上海常规公交系统的轮椅无障碍车辆均为导板式无障碍车辆，在国内外其他城市也有使用导板式公交车的，但是这种车型并不适合在上海推广使用。

无障碍公交车的导板架设于车辆和缘石之间，对非机动车的行驶无疑造成了安全隐患。许多公交车站设在比较狭窄的机非分隔带上，即使架设了导板，轮椅也无法上下公交车。香港和日本一些城市的常规公交线路也配置了部分导板式公交车，但这些城市的道路上非机动车都是在人行道上行驶的。

无障碍公交车供轮椅上下的电动导向板伸出与收进要花费 5 分钟时间，再加上车内固定轮椅，共约花费 7 分钟时间，这就会影响公交车对其他乘客的服务效率。而且无障碍车辆在一个站点停靠时间过长后会导致后面的公交车无法进站。

（2）解决问题的障碍。

针对上海非机动车出行人数多、道路设施情况复杂的特点，使用低地台公交车或低地台带升降功能的公交车作为轮椅无障碍车辆更为合适，但这必须要通过提高现有的公交车辆准入标准来实现。

4. 无障碍车辆配置率低，使用率低

（1）制约。

常规公交系统引进无障碍公交车主要是为迎接特奥会，特奥会结束后无障碍车辆返回车队。最初车辆分配时主要是看哪些线路的车正好被淘汰，分配是没有规律的。30 辆无障碍公交车和 5 条线路相对于上海公交汽电车和线路总量来说微不足道。截至 2008 年底，上海共有公交车 16573 辆，共有公交

线路1058条，无障碍车辆不到总运营车辆的0.2%，配备无障碍车辆的线路也仅占总量的0.4%，而欧洲先进城市的公交无障碍车辆比例都在50%—100%之间，因此上海普通公交的无障碍化距国际先进水平还有不小的差距。单个线路的无障碍车辆比例也不高，比如43路车队，总共61辆车中仅2辆无障碍公交车。

这些无障碍车辆在运营中的班次排布也是随机的，没有信息平台，残疾人无法得知何时能等到无障碍车辆。

（2）解决问题的障碍。

这一问题的解决面临的障碍有：建设信息平台、更换车辆都需要资金；提高无障碍车辆配置率将是长期性工作，上海的常规公交刚刚完成一批车辆更新，大规模提高无障碍的配置比例需要等待下一轮车辆报废更新的时机；短期内要利用少量的无障碍车辆资源建设示范线路也需要先进行详细的服务对象研究。

5.站点配套设施问题

（1）制约。

上海公交线路因为路况的不同，上下行站点的布置规律比较复杂，不易寻找。

有的站点设在很窄的机非分隔带上，对于腿脚不便的人来说，到达站台就需穿过非机动车道，上下缘石，非常不便。

公交线路站牌尚未统一，站点信息不易辨识。根据《上海市城市道路管理条例》[详见《上海市城市道路管理条例》（1994年通过，2006年修订）第二十七条]的规定，人行道宽度在3m以下时公交站不设立候车亭，只设立站杆；3m以上的车站可以设立带信息播报的箱型车牌以及候车亭。上海市区可以提供宽度在3m以上条件的公交站只占到50%—60%。在土地尤其紧张的城市中心区，这个比例会更低。如配备无障碍公交车的49路沿线各站站点设施的配建情况，约40%的车站只设立站牌标杆，67%的车站未设置盲道。

（2）解决问题的障碍。

常规公交线路中途站的站厅和站牌建设目前是由公交线路营运部门建设，而站点的地面部分则由市政部门建设，因此公交车站亭和站牌常常会出

190

现与盲道不符合的现象。

不难发现，即使是提高了无障碍公交车辆，配套的车站设施建设也有相当的复杂性和长期性。

第三节　轨道交通无障碍环境

（一）轨道交通无障碍环境概况

城市轨道交通系统是上海公共交通系统中无障碍设施最受残疾人好评的系统。上海轨道交通无障碍设施有相当部分是由从事轨道交通投资经营的申通集团自主研发的。

1. 硬件设施

上海市城市轨道交通系统自 1995 年开始运营，各条线路在建设时序上是有先后的。除了较早建设的轨道交通 1 号线、2 号线、3 号线，其他新建线路都在建筑工程设计时就包含了无障碍电梯、盲道等设施。近年来，申通集团对较早建设的 3 条轨道交通线路进行了无障碍设施配建，为没有无障碍电梯的站点加装了楼梯升降机。进出站闸机也设有加宽的无障碍通道。

新近投入运营的轨道交通 A 型列车车厢有轮椅无障碍席位。

2. 软件环境

轨道交通站点的服务人员提供"爱心接力"全程陪同使用轮椅的残疾人乘坐列车、上下站厅层和站台层。

由于少数站点无障碍设施建设不到位，服务人员以无障碍服务来弥补硬件的不足。如在没有无障碍电梯的站点，工作人员会将轮椅抬下站台，服务受到广大残疾人的好评。

（二）轨道交通无障碍环境系统性问题

轨道交通系统中仍有一些问题对残疾人使用轨道交通造成不便，如能完善，可以使轨道交通的无障碍服务水平锦上添花。

肢体残疾人反映的使用轨道交通最大的不便集中在"从地面进入站点困难""换乘复杂""无障碍设施使用不方便"三点，其中"无障碍设施使用不方便"这一问题在访谈中的反馈主要也集中于从地面进入站点时无障碍电梯和楼梯升降机的使用上。

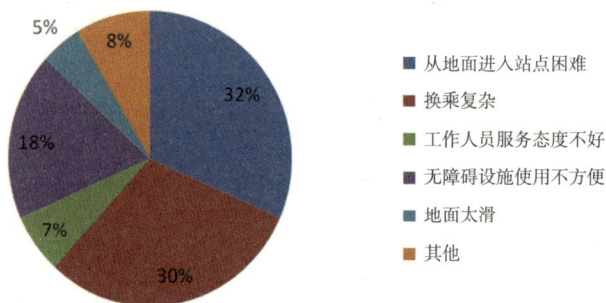

图 11-3-1
肢体残疾人问卷调查反映的轨道交通现状问题

视力残疾人对乘坐轨道交通问题反映最多的是"寻找站点""从地面进入站点""寻找出口和方向"三点。可以看出信息无障碍对视力残疾人使用轨道交通的重要性。

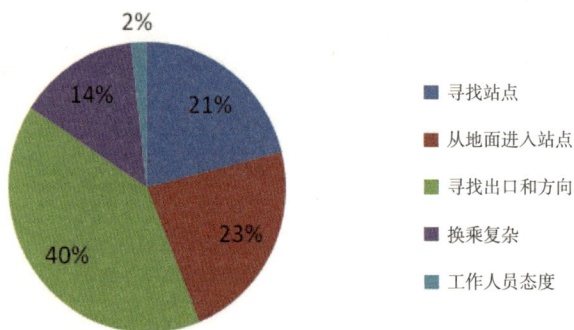

图 11-3-2
视力残疾人问卷调查反映的轨道交通现状问题

轨道交通系统无障碍环境建设仍存在诸多问题：

表 11-3-1　上海常规公共交通无障碍环境建设的系统性问题

系统性制约	原因	解决问题的办法	解决问题的障碍
部分线路进出站点无障碍设施尚未全面开放	升降机操作复杂；部分站点无障碍电梯穿越的付费区和非付费区，管理困难；部分无障碍电梯长期处于故障状态	提升服务理念，改进乘客和服务人员互动方式，开放无障碍电梯；提升维修效率；建立信息平台	加大了站点服务人员的工作强度；需要全体市民的配合，爱护无障碍设施，给有需要人士优先使用
信息标识体系有待完善，尤其是盲文导盲地图	导盲地图在上海应用刚刚起步	信息标识设计更加容易辨识；加大信息标识的宣传力度	研究、推广需要资金
部分线路同站换乘缺乏无障碍设施	换乘通道在设计时没有预留设置无障碍电梯的空间	现有换乘通道可利用自动扶梯改装或加装升降机；新建线路应在设计时注意这一问题	加大站点服务人员的工作强度；需要提升土建设计人员的无障碍设计理念

1. 部分站点无障碍设施尚未全面开放，打破了轨道交通系统无障碍环境的连贯性

（1）制约。

现存的部分地铁站（尤以开通年代较早的几条线路为主）无障碍电梯穿越了付费区和非付费区，如果全面开放就会成为一些不自觉的乘客逃票的通道，因此这些无障碍电梯平时处于闭锁状态，残疾人如要使用，需先按呼叫键，等待地铁站工作人员前来操作。由于每个站点的服务人员数量有限，有时残疾人需要等候很长时间才能使用无障碍电梯。

有些站点的无障碍电梯或升降机长期处于故障状态，维修效率低直接影响了依靠轨道交通出行的轮椅残疾人的生活安排，残疾人除了致电站点询问之外无从了解这些设施运营状态的信息。

越来越多的残疾人希望能够自主出行，自主使用无障碍设施。部分站点存在的这类管理、服务不到位的问题影响了整个轨道交通系统无障碍环境的连贯性，使轨道交通的无障碍环境服务水平无法发挥到最佳状态。

（2）解决问题的障碍。

全面开放无障碍设施的乘客自主使用是轨道交通系统无障碍环境建设的发展方向，这一目标的实现还需要改进无障碍电梯互动使用技术，提升站点服务人员服务水平，加强全体市民维护无障碍设施的意识，此外，有必要建立信息平台实时发布无障碍设施的运营信息。

2.信息标识体系有待完善，盲文地图缺失

（1）制约。

地铁站点虽然在一定半径内设置了路面指向标识，但是无障碍设施标识的指向性还不明确。乘客在到达站点入口前难以掌握无障碍电梯的位置。

轨道交通的地面层、站厅层、站台层之间的联系通道有许多转折，视力残疾人进入其中容易失去方向感。视力残疾人要在健全人的描述下寻找正确的出入口是十分困难的。

（2）解决问题的障碍。

从先进城市的经验来看，盲文地图的应用将为盲人在交通建筑中寻找目标提供很大的便利，这一设施的研究和推广都需要资金支持。

3.部分线路同站换乘缺乏无障碍设施

（1）制约。

部分轨道交通线路之间的换乘没有做到无障碍。

比如，在地铁人民广场站，轮椅出行残疾人要实现1号线与2号线之间的换乘，必须先乘坐无障碍电梯上升到地面，穿过人民广场，才能到达另一条线路无障碍电梯出入口，进站换乘；地铁世纪大道站4号线与6号线，四平路站8号线与10号线，站厅之间高差只有楼梯连接，也导致轮椅残疾人只有出站一次才能实现换乘，换乘比较复杂。

（2）解决问题的障碍。

这类问题是站点在进行建筑设计时，没有在换乘通道考虑无障碍电梯的使用空间造成的，空间不足使后续无障碍改建很难进行，也提醒轨道交通站点的建筑设计人员要在今后的设计中提升无障碍设计理念，注意加强换乘站点无障碍环境的连贯性。

第十二章
交通无障碍规划设计导向

　　并非所有的无障碍设施建设都纯粹依赖于高科技，从实际出发，细致入微地考虑残疾人、老年人和其他因特殊原因出行不方便者的要求，运用现有的技术手段往往能创造性地消除横亘在特殊需求人士和正常社会生活之间的障碍。本节所讨论的硬件设计案例，其公交无障碍硬件设施规划设计的设想均不需要过高的生产或装配技术，参考了一些先进地区的做法，都是国内可以达到的技术水平。

第一节　公共交通无障碍信息平台

　　许多城市的各类公交系统（轨道交通、常规公共交通、出租车、道路及交通枢纽）虽然都进行了无障碍环境的建设，但是信息无障碍建设的速度和水平远低于物质无障碍建设，直接降低了不同公交系统之间的连通性和无障碍设施的使用效率。

　　轨道交通站点的无障碍是否可以正常使用，无障碍公交车的班次、无障碍出租车车辆预订动态等问题，乘客除了打电话询问别无渠道可以主动查询了解。信息的缺失也严重降低了乘客出行的效率。

（一）构筑公共交通无障碍信息平台

　　信息的确定性是对完善的公共交通最有力的支撑之一，建立覆盖大多数无障碍公共交通系统的信息平台，可以提高公交无障碍设施的使用效率。

　　无障碍信息平台可以通过网络、广播电视等形式向公众开放，而其信息可以借助上海正在逐步构建的智能交通系统（ITS）获取。

　　无障碍信息内容应包括：

　　（1）固定线路无障碍公交工具运行时刻表。

　　（2）公交建筑无障碍设施的位置，运营状态是否正常。

　　（3）在公交站点发布线路运营的实时动态信息。

　　（4）无障碍出租车预订信息等。

（二）近期建议——改善现有信息平台

如果无障碍信息平台因为技术问题短时间内没有办法完成，各公共交通子系统的运营单位也完全可以在各自网站上发布这些信息。

轨道交通是颇受使用轮椅残疾人青睐的公交出行方式。目前轨道交通网站已经有各站点的平面图，但由于图例不统一、图面尺寸小等原因，造成查找无障碍设施位置困难。轨道交通运营方应尽快着手改善这一问题，并实时发布无障碍电梯停用站点名录。也可以学习布拉格的做法，将各轨道交通站点的无障碍电梯位置绘制成手册，免费发放给有需要的人士，这些信息也能通过口口相传而发布出去。

第二节　常规公共交通

肢体残疾人对常规公交无障碍问题的反馈主要集中在上下车困难的物理障碍上，视力残疾人的反馈主要集中在辨识站点、线路这类信息障碍上。

（一）视力残疾人群的需求解决

解决盲人辨识车辆问题可以作为近期工作的重点。

1.近期对策

现在已普及的新型的公交候车亭站点信息展示区较大，可学习欧洲发达国家的做法，考虑在展示面板上加设简单盲文标识（本站站名、经停线路等），以利盲人获取站点基本信息，如果盲文展板采用透明材质，也不会影响视力正常者阅读普通信息。

在目前公交车均没有车外报站设施的情况下，应对司乘人员加以培训，树立无障碍服务理念，认识到许多视力残疾人是不使用盲杖的，应耐心为提出询问的乘客提供线路信息。

图 12-2-1
西班牙马德里公交车站

图 12-2-2
马德里公交车站信息牌上的盲文

2. 远期对策

设想设置残疾人（或有需求人士）、站台设施、公交车三方互动的系统。这一系统可考虑开发以下功能：

只有在盲人用遥控器或站台设施发出无线电波指令时，站台设施或车辆为盲人播报来车线路；

对于常规公交车的辨识问题，如果"人认车"的难度很大，也许"车认人"的难度会降低。残疾人可将自己对线路号码的需求反映在站台醒目的指示牌上，让司机能够识别，并且耐心接运该乘客。这样残疾人就不会像在混乱的公交站那样被动。

当然，在盲人乘车问题上，任何措施都不如车辆与盲人直接发生信息交换来得有效。可以考虑将公交车辆按线路数字特性漆成不同颜色（如单数线路绿色，双数线路白色，甚至可将数字特性做更多颜色分组），或对线路数字标识的位置形态加强设计，提高可辨识度。

（二）肢体残疾人群的需求解决

1. 近期对策

肢体残疾人使用公交车对站点地面设施的要求较高，需要通过道路设计的相关规范的修订来推进实现。近年来，上海市区道路的部分路段试行了"慢行一体化改建"，将人行道、非机动车道和机非隔离带的标高拉平，改善了自行车的出行环境，也正可以消除肢体残疾人乘坐常规公交时穿过非机动车道遇到的高差障碍，而且"慢行一体化改建"也基本做到了轮椅无障碍。在现有改进方案上，建议应用德国的切面路缘石设计，为以后低地台车辆的大规模引入创造条件。

图 12-2-3 上海部分道路的"慢行一体化改建"

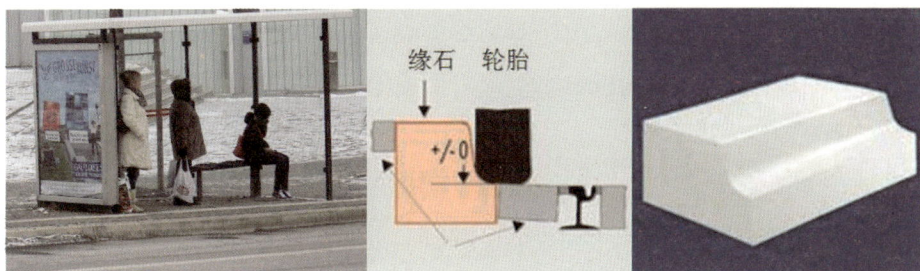

缘石   轮胎

图 12-2-4 德国的路缘石倾斜面设计

2. 远期策略

（1）以低地台带底盘升降功能巴士为无障碍公交车的理想车型。

提高行业标准，对轮椅无障碍公交车做出明确的定义，以欧洲普遍使用的以低地台带底盘升降功能巴士为无障碍公交车的理想车型，车厢内应有轮椅专用位和轮椅固定装置。对车队中无障碍公交车量的比例做出规定（如每次更新的车辆中需要有 50% 为无障碍公交车），以便在下一轮车辆更新时，大规模引进低地台公交车。

热门公交线路应率先配备无障碍公交车，并提高无障碍车辆配置率要求。

（2）规划无障碍公交专线。

在肢体残疾人问卷调查中，78% 的回答者愿意去离家较远的站点乘坐专门的无障碍公交线路。

是否愿意乘坐站点离家较远的无障碍公交专线

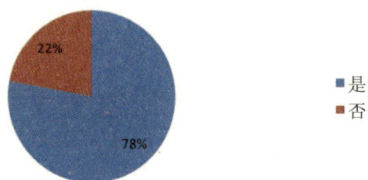

- 是
- 否

图 12-2-5
肢体残疾人对乘坐无障碍公交
线路的意愿

远期可以学习香港，规划专供肢体残疾人或轮椅残疾人乘坐无障碍线路或班车，为使用轮椅的有需要的人士提供专门的无障碍服务，线路联络轮椅出行人士共同的重要的几个出行目的地，或开通定期接送就医的班车，设置专供残疾人候车的站点。

无障碍专门线路在规划时应注意以下几点：

无障碍车辆对无障碍专门线路的全面配备——无障碍专门线路所有车辆均为无障碍公交车，车内以带安全固定设施的轮椅位为主，普通座位为可翻转收放座位。

无障碍设施无障碍线路的道路全面配备——无障碍专门线路所经道路应全面配建无障碍站点设施和完备的无障碍标识。

如果前文所述公交无障碍基金会之类的非营利专门团体设立成功的话，这些无障碍线路的运营、发展可移交基金会负责。

第三节 轨道交通

我国许多城市轨道交通的无障碍硬件设施科技含量非常高，甚至已经超过了伦敦、巴黎等发达国家大城市的水平。上海轨道交通站点无障碍设施的配置率也已超过柏林、汉堡、新加坡等发达国家的城市。

表 12-3-1　2005 年欧洲部分城市轨道交通无障碍车站比例

城市	无障碍车站比例	备注
墨尔本	199/200	
曼彻斯特	37/37	车站的中心部位是专门为轮椅乘客设计的区域
柏林	62/192	
汉堡	33/89	
慕尼黑	87/88	
新加坡	18/25 the north line 21/29 the east west line 16/16 the north east line 14/14 the Bukit Banjang LRT 14/14 the Sengkang LRT 15/15 the Punggol LRT	未来新建车站将全部配备无障碍设施

　　轨道交通系统部分环节的脱节，使得轨道交通系统的无障碍服务尚不完善。要建成一个完善的无障碍环境体系，轨道交通还要对站点周边设施、站点内部设施、列车等系统进行改进，调整服务方式，使残疾人使用轨道交通的整个程序更为流畅，使无障碍设施的使用更为自助、开放；同时，相关单位和部门应制定成文的规范，保障各轨道交通线路无障碍建设的统一。

（一）硬件设施改进使用模式

　　能够独立自主出行是残疾人得到平等与尊重对待的体现，残疾人独立出行的意愿很强。轨道交通单位应将更多的无障碍设施操作自主权交到乘客手中。

　　比如无障碍电梯，出于某些安全和管理上的顾虑，目前尚有部分地铁站的无障碍电梯需要服务人员来帮助残疾人使用，这些设施应尽快开放。部分穿越付费区和非付费区的电梯可以调整程序，使电梯在站厅层停止开门一次，由服务人员为确实有需要的乘客刷公交卡，同时也便于管理，避免部分乘客的套票行为。

　　远期如果前述实名制的残疾人公共交通 IC 卡系统可以实行的话，管理困难的无障碍电梯就可以使用"智能卡–门禁模式"，给残疾人发放的公交 IC 卡，在电梯门外加设 IC 卡感应装置，使残疾人可以持公交 IC 卡操作无障碍电梯。这样既可减少残疾人的等待时间，义能将地铁站工作人员从一项体力劳动中解放出来。

　　同时，仍需保留现有的服务人员呼叫及观察设施，为有需要的人士提供一对一服务。

（二）完善站点无障碍设施标识体系

现行轨道交通站点无障碍设施标识分为两大块。首先由路管局负责市政道路标识（蓝底白图白字），标识大概设置在电梯以200m为半径的范围内。进入200m半径由地铁公司自己设立标识。但是目前标识体系的建设并不完善，部分标牌指向不明，需要补充建设，研究调整标识的信息内容。同时尽量在一些可以触及的标识上配套标注盲文。

地铁设施大多位于地下建筑中，容易造成乘客方位感的缺失，因此，地铁站点设置盲人地图尤为必要。地铁公司应考虑与相关专业技术人员联合开发盲人地图系统。

图12-3-1 西班牙马德里轨道交通站点带盲文的标识

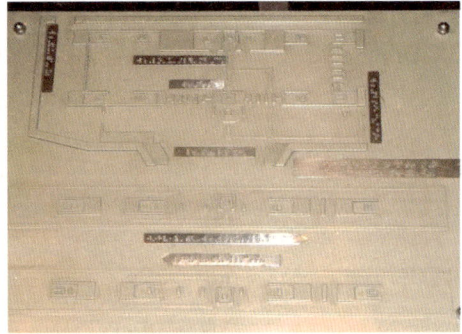

图12-3-2 香港轨道交通站点的盲文地图

（三）车厢无障碍

轨道交通车厢在有些时段是非常拥挤的，即使每节车厢都备有供轮椅停放的空间，使用轮椅的残疾人也无法上车；盲人对路线的确定性要求很高，对于盲人来说，乘用固定位置的车厢，有利于他们找准方向。

因此，将停靠在站台固定位置（如盲道指引车厢和靠近无障碍电梯出入口的车厢）的车厢设为无障碍车厢，等候区规定为无障碍等候区，优先对残疾人提供服务，可能有助于缓解这一问题。

（四）盲道及通道体系

1.盲道和地面问题

上海目前轨道站点的导盲设施受到了视力残疾人的好评。但是由于轨道交通运营设施的布置可能会发生临时性的调整，固定的盲道难以指示这种环境的变化，需要研发便于快速铺设的临时使用盲道。

现有的铺贴材质的盲道又极易发生损坏，相应的需要研发不易损坏的盲道材质或做法。

此外，在调研中，肢体残疾人士和老年人普遍反映，部分地铁站点的地面采用大理石铺装，虽然十分美观，但遇到雨天会过于光滑，容易导致乘客跌倒，建议地铁站点设计和建设部门考虑防滑的地面铺装。

2. 换乘通道无障碍问题

许多换乘站点的换乘通道无法加装无障碍电梯，使许多肢体残疾人必须出站一次才能实现换乘。

因此，新建换乘车站的应从建筑设计开始就注意预留无障碍电梯的空间。

已建成车站可以考虑加装自动扶梯，在有需要时，由工作人员将扶梯改为三格一阶，帮助运送坐轮椅的残疾人士。也可以加装平板滚梯，以利运送轮椅。

图 12-3-3　西班牙马德里轨道交通站点的平板滚梯

第四节　个性化出行服务——出租车

（一）无适宜车型作为无障碍车辆

上海的伊斯坦纳面包车作为轮椅无障碍车辆，运量存在明显的浪费现象，外观上与普通出租车的差异也使普通乘客也不敢乘坐。今后研究应考虑寻找更合适的轮椅无障碍出租车型。

比如上海生产的英伦 TX4 车型，油耗量小，设备使用方便，外观与普通出租车接近。"阳光车队"应逐步采用 TX4 或有类似优点的合适车型作为"阳光车"的主体。

由于 TX4 车型不在上海出租车行业的目录里，没有引入出租车行业的合法身份，有关决策部门应尽快调整出租车行业的相关标准，为类似 TX4 的高通用程度车辆作为上海无障碍出租车辆更新车型铺平道路。

（二）制定无障碍车型设计导则

应制定相关的轮椅无障碍车辆设计导则，以鼓励汽车行业设计生产新的、更适用的无障碍车型。

导则可以参考伦敦市政府出台的相关法规，无障碍出租车的设施配备应包括：坡道和防滑梯级或液压升降机、安全带，建议配备可旋转座椅、对讲机、轮椅转向设施或空间，鼓励设计小型无障碍车辆，并提高设计的通用性。

第五节　交通枢纽及道路设施

（一）道路

道路设施的无障碍完善建设应从市中心主干道开始，逐步向全市推广。

1.普遍建设提示盲道，有选择地建设行进盲道

随着城市的发展，城市规模越来越大，道路情况越来越复杂，在大型、特大型城市中要建设完全贯通的盲道是很困难的。另一方面，人行道上有大量长期使用导致表面破损的盲道砖，对行人造成一定障碍。

我国城市人口密度高，车辆增长快，同时又处于旧区改造和新区开发交错的状况，道路和交通情况更为复杂。建设盲道更需要以实事求是精神进行，普遍建设提示盲道，有选择地建设行进盲道应该成为盲道建设的规划建

设原则。

像香港、东京这样大都市，许多繁华的主要道路都未设盲道。2005年上海市无障碍推进办与市政部门联合做出规定，宽度在3.5m以下的人行道可不建盲道，这个规定比较符合实际。

香港的经验值得借鉴。因提示盲道具有多种含义，作用较大，建造又较为省料方便，应普遍建设。凡路口、转弯处、重要建筑物门口、需提醒处，都应建设提示盲道。提示盲道铺设宜取较宽值，以扩大提示范围，如人行道路口，提示盲道宽度要大于或等于斑马线宽度。上海目前的提示盲道较窄，应借鉴国外经验予以改进。

图12-5-1　香港只设提示盲道的路口　　　　图12-5-2　香港交通建筑门口的盲道和导盲设施

郊区、人行道较窄的道路因维护困难和一般行人使用不便等问题，不建议设行进盲道。而地铁站台、机场、火车站及一些医疗、福利、康复机构室内，应建设包含行进盲道和提示盲道的规范、完善、贯通的盲道。

建议专业部门应对盲道现状、实际作用进行调研，适时对盲道建设标准做修改。有关部门对无障碍建设进行考核时，应重视"质"，而非"量"。盲道建设中应避免形式主义，减少资源浪费。对已建盲道要加强管理，进行维护、修缮。对一些极不规范、可能造成危险的盲道，如断头行进盲道、有障碍物的行进盲道要及时整改，或先拆除避免误导。

2.研究推广可由行人控制的过街音响设施

从实践经验中可以认识到导盲不能完全依赖于盲道，可以有多种形式。在上海部分地段出现过的过街音响设施，在欧美的一些大城市的中心地段仍在使用，这些城市的中心地段很少有住宅，因此噪音污染的反馈很少。

应研究可由行人控制的过街音响设施，如现在上海信号灯杆上常见的过街指令按钮一样，在视力残疾人有需求时，可以通过信号灯杆上的按钮启动音响装置。应首先在繁华路段、医院、学校周边的路段推广这一设施。

3. 人行天桥配建无障碍电梯

人行天桥造成的障碍，应通过配建无障碍电梯解决。目前张杨路天桥的无障碍电梯完全对公众开放，使用反响很好。

图 12-5-3
英国的过街声响提示装置

（二）公共交通枢纽

1. 建设轮椅通道和轮椅专用等候位

公共交通枢纽在设计时尤其要注意轮椅出行者的通行，保证一定级数（或落差）以下的台阶一定要设置坡道，一定落差以上的地面之间必须配置可以运载轮椅的电梯或其他机械，通常情况下，轮椅通道可以和盲道联合设置。

在车辆等候区，应在无障碍车门处设立专门的轮椅等候位，在规范中明确轮椅乘客对此等候位的优先使用权。

2. 设立容易辨别且指向连贯的标识

交通枢纽与商业建筑合设是交通枢纽建设的一个趋势，完备的公交枢纽标识系统不仅只设在公交建筑内部范围内，而应覆盖到商业建筑和周边道路，标识的设计应当容易识别，图形和文字结合，标识的设置应当具有连贯性，在岔路口、楼梯口都应设置标识。香港商厦内自动扶梯之间的图形标识就很明确的指出了前往公交枢纽的通道，使乘客在楼梯口不会因为没有明确的指向而犹豫不决。

图 12-5-4
香港商场内的公共交通枢纽指向标识

第六节 残疾人个体出行及停车问题

（一）改进残疾人机动车

即使在公共交通无障碍环境十分发达的情况下，残疾人从家门到使用公共交通工具之间，还要经历一段个体交通出行过程，三轮机动残疾车是肢体残疾人出行必要的交通工具，也是残疾人换乘公共交通的个体交通手段，有必要在进行公共交通无障碍建设的同时，对机动残疾车这个交通环节加以重视。

1.调整车辆管理规范

禁止车辆改装的规范，主要是为了便于管理，在一定程度上避免普通私人车辆为载客盈利而进行改装。健全人在雨雪天气尚可选择公共交通方式出行，但是对部分重度肢体残疾人来说，残疾车基本是现阶段他们最主要、便捷的交通方式，在雨雪天气也只能使用没有雨篷的残疾车，出行极为不便，身体健康也遭到损害。禁止改装的条例没有顾及残疾人的出行权。因此，应取消相关规范中对残疾车改装的禁止，而可以对改装的长、宽、高等指标进行限制，以保障交通安全。

2.改进残疾车设计

残疾车在过去二十年中性能、外形没有发生变化，不符合当代的审美需求，不符合上海现代化大都市形象，客观上造成了一些民众对残疾车的歧视，而残疾人购买合法的残疾车辆却别无选择。

因此残疾车生产管理的相关部门，有必要出台政策，推动残疾车的设计改进，丰富残疾车的功能类型。在改进中应考虑以下要点：

应考虑残疾人出行对车辆雨篷的需求，增加可以收放的雨篷设计；

相当部分使用残疾车的残疾人出行需要家人陪同扶助，在设计时应考虑陪同人员乘坐残疾车的空间；

部分使用残疾车的残疾人无法站立行走，需要使用轮椅，在对相应残疾车的设计时应考虑轮椅上下和轮椅的携带位置，台湾有一种残疾车设计提供了很好的借鉴意向。

图 12-6-1 可供轮椅上下的残疾车示意图

（二）保障残疾人停车权利

近期，各类公共停车场应给予残疾人停车优先权，使残疾人能够根据自己的需要选择便于行动的停车位。

远期，应在公共建筑停车场设计规范中明文规定，在停车场靠近建筑主要出入口的位置预留残疾车停车专用位，方便残疾人停放车辆；在管理过程中，应设立相关处罚制度，平时禁止一般车辆占用残疾车专用停车位。

图 12-6-2 北京首都机场的无障碍停车位，平时禁止占用

第十三章
城市轨道交通无障碍

本章以我们对上海轨道交通无障碍的调查和研究为例，用无障碍出行链的理论对轨道交通无障碍的问题进行了论述，并提出发展建议。

第一节　城市轨道交通无障碍硬件及问题

（一）盲道（及盲道护栏、扶手等）

（1）轨交站点周边道路与轨交站点相连接的盲道系统设置不完备，降低了轨道交通站点可达性。

图 13-1-1　通道间的高差

（2）轨交站点内部盲道系统设置不完备，降低了站点内盲道使用的便捷性，包括：普通轨交站点内的无障碍电梯、车厢体、闸机之间的盲道存在空白地段；大型换乘枢纽（例如世纪大道站、人民广场站）内盲道设置混乱，

图 13-1-2　缺乏无障碍的指引

导致盲人在其中极易迷失方向。

（3）在盲道转弯处及上下楼梯处缺乏必要的盲文铭牌指示系统以引导盲人准确地到达目的地。

（二）无障碍电梯

图 13-1-3　上下楼梯及方向变换缺乏盲文

（1）地铁的升降电梯，基本没有遮风挡雨的设施，而且位置较为偏僻，因此其效率与使用率都很低。

图 13-1-4　无障碍电梯位置

（2）有些老的地铁站，站点内部无升降电梯，例如，在上海人民广场站，残疾人若换乘地铁必须要出站才能使用升降电梯。由于各条地铁线路建造时间不同，几条线路的站台之间有高差。例如，1、8 号线站台水平，但和 2 号线之间有 2 米的高差，造成了无障碍电梯只能从站外使用。

（3）有些地铁站内虽然设置了无障碍电梯，但是并不是完全对外开放，需要按铃之后才能使用。在管理者看来是比较周到完善的，但自助使用设施的概率降低。管理者不赞成自助使用，会造成破坏，但是这个管理理念和国际标准是有差距的，残疾人士不愿意自己被特殊化，尤其外国乘客不能接受这种服务方式。这样就降低了无障碍电梯的使用效率。

（三）无障碍坡道及自动扶梯

（1）新建线路的无障碍电梯配有无障碍坡道可方便地为残疾人士提供服务。

（2）在多数线路中，除去主要的进出站口设置自动扶梯外，其余均未设置必要的自动扶梯或坡道。

图 13-1-5
无障碍电梯坡道

图 13-1-6
线路间换乘的
障碍

（四）无障碍专用闸机

在调查中发现除了新建的线路外，其余的轨交线路均未设置无障碍专用闸机，给使用轮椅的残障人士、孕妇以及带有大量行李的乘客造成诸多不便。

图 13-1-7
宽进口闸机与普
通闸机

（五）爱心专座

在一些新建的地铁站内设置了专门的"爱心候车区"，在地铁上还有专门的"爱心专座"，供老弱病残孕等有需要的人使用。在二号线西延伸段淞虹路站的站台区域内看到，在位于往张江高科方向列车的末节车厢位置，地铁运营方借助隔离带和残疾人电梯的围墙，分割出一个可容下十余名乘客的"候车专区"，在专区内有8个座椅呈直角状排列。而在专区入口处，一张醒目的告示则提请其他乘客不要随意进入。爱心专区将残疾人电梯、盲道包含其间，弱势人群在站务员帮助下，进站—候车—上车整个过程可一步到位。

图 13-1-8　车厢体与站台高差

6号线、8号线的车厢比地面高出15cm左右，使用轮椅车的残疾人基本不可能自行上下车，即使有人推行也需要两人将其抬起。由于车厢载客后重量增加以及铁轨长期的磨损会导致车厢下移，因此出于逃生需要，车地板必须比地面高，下限5cm，上限10cm，由于安全需要而设置的高差给轮椅使用者带来了不便。

（六）盲文铭牌

许多轨道交通线路并未设置必要的盲文铭牌。盲人在进入地铁站后虽然有盲道引导，但是在换乘较多的枢纽站，并未有供盲人使用的显示换乘线路的设施。在复杂的换乘站内，盲人不可避免地会迷失方向。

（七）轨道交通车站内外无障碍设施标示系统

在调查中发现，新建的地铁站内的无障碍电梯处均有比较明显的标识，但是在大部分的地铁站内，指示无障碍电梯的显示牌均只在电梯口才有，而这些无障碍电梯的位置也并不明显，有的甚至比较偏僻。在正常人都不太方便找到的情况下，盲人要找到的难度也可想而知。

（八）软件方面

无障碍电梯的服务对象为老年人和残疾人，但具体操作过程中没有明确的规范，主要靠服务窗口的工作人员自行判断。

残疾人乘坐地铁优惠政策方面，上海市政府有规定盲人免费使用公共交通的优惠政策，而有些内部规定，肢残人士乘坐地铁也可免费，但在具体的实施上要靠工作人员进行主观判断，没有明确的划分标准。

爱心接力由工作人员从残疾人进站开始一直陪同上车、乘坐，直到下车，再由到达站的工作人员接力为残疾人提供服务。

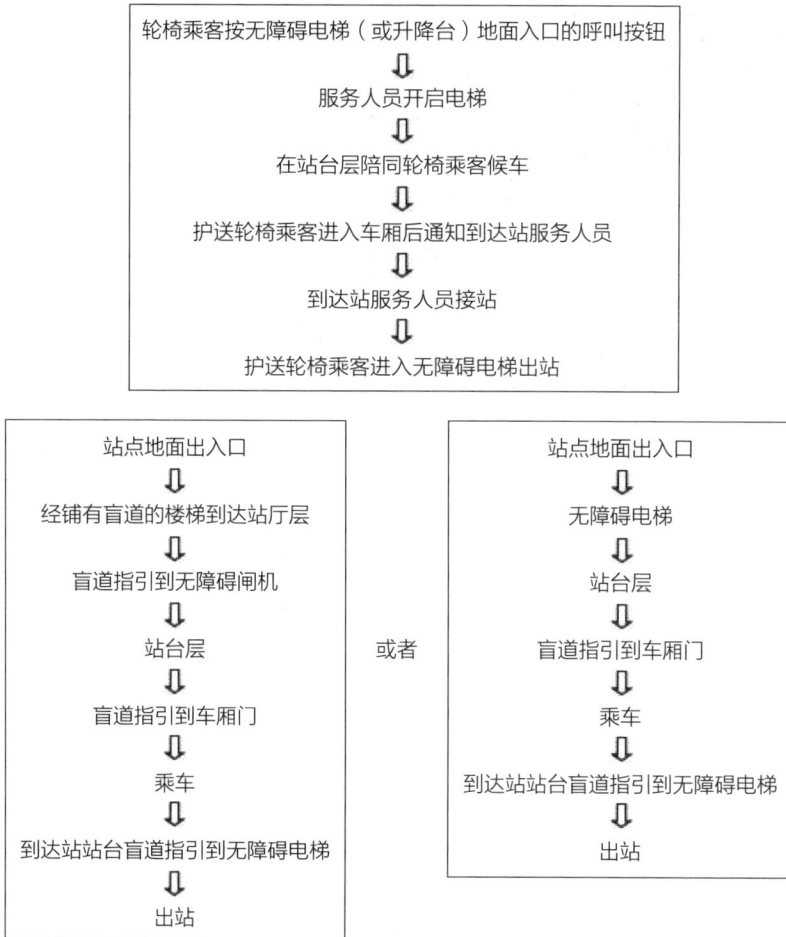

轮椅乘客按无障碍电梯（或升降台）地面入口的呼叫按钮
⇩
服务人员开启电梯
⇩
在站台层陪同轮椅乘客候车
⇩
护送轮椅乘客进入车厢后通知到达站服务人员
⇩
到达站服务人员接站
⇩
护送轮椅乘客进入无障碍电梯出站

站点地面出入口
⇩
经铺有盲道的楼梯到达站厅层
⇩
盲道指引到无障碍闸机
⇩
站台层
⇩
盲道指引到车厢门
⇩
乘车
⇩
到达站站台盲道指引到无障碍电梯
⇩
出站

或者

站点地面出入口
⇩
无障碍电梯
⇩
站台层
⇩
盲道指引到车厢门
⇩
乘车
⇩
到达站站台盲道指引到无障碍电梯
⇩
出站

图 13-1-9　盲人乘坐轨道交通流程

现行的规范有很多不足，太过笼统，要靠公司自己摸索制定一套细则补充，这是无障碍环境建设很大的弊端。其次，管理服务与设施有落差。无障碍设施本身的成本对于地铁来说并不高，但管理成本非常庞大，让地铁公司很难承受。管理是个长期的过程，需要的成本非常大，这是无障碍环境建设最根本的矛盾。

第二节　总体环境建设

（一）确立先进理念

城市轨道交通无障碍环境建设的内涵从物质环境建设阶段推进到综合性的全方位的社会环境建设，包括硬件（站点建筑、轨交车辆、公共设施、信息等）无障碍环境建设和软件（无形的制度、行为习惯、社会意识、公众心理）无障碍环境建设。

城市轨道交通无障碍环境建设的服务对象不再只限于残疾人，还包括老年人、孩童、孕妇、病人这些由于自身生理阶段和限制造成使用社会各种设施不方便的人群，因推婴儿车、行李负担过重等外在原因造成的行动不便的人群，以及外国人等由于文化背景不同造成出行不便的人群。

城市轨道交通无障碍环境建设的设计理念从无障碍设计到通用设计、从满足规范标准到注重实际需求。在上海人口老龄化加速、因老致残的比例不断上升的背景下，在轨道交通无障碍环境建设中采用通用设计、人性化设计，在有效提升无障碍环境的同时也可以提高整个轨道交通系统的效率、方便所有人的出行，轨道交通无障碍建设不再只是负担，而是同样具有巨大的社会价值。

城市轨道交通无障碍环境建设的服务理念从被动型救助对象到主动型权利主体，残疾人士应有与健全人均等的机会参与社会生活和发展，推进设施的自主、开放，鼓励残疾人和其他特殊需求人士自主完成轨道交通出行。

（二）形成法规标准

缺乏轨道交通无障碍建设法律法规。日本早在 1982 年就已经推行了《无障碍化建筑设计标准》，然而由于缺乏法律法规的强制措施，无障碍建设推进较为缓慢；2000 年《日本无障碍交通法》实施以来无障碍建设速度大大加快。我国目前还没有交通无障碍方面的法律法规，政府应尽快出台相关法规，以法律条文的形式对城市轨道交通建设中的无障碍设计进行硬性规定，保障城市轨道交通无障碍环境建设的有效性和可持续性，明确公共交通无障碍建设的规划阶段、建设、运营阶段的执行主体及各自权责，加大对忽视公交无障碍环境建设的行为的处罚力度。

缺乏轨道交通无障碍建设规范标准。现行的城市轨道交通无障碍建设规范过于笼统，仅靠个别公司摸索制定一套细则补充，在城市大规模、快速的轨道建设背景下，很难立即做到完备。需要政府主管部门领头、行业管理机构组织、相关的专业人士和残疾人士献计献策，共同编制城市轨道交通无障碍设计规范标准，并通过实践中反馈经验和教训，不断进行调整和完善，形成长效机制。

（三）建立组织体系

城市轨道交通无障碍建设推进的主体包括政府、行业协会、设计单位、运营单位、特殊需求群体，良好的组织体系是这个系统得以运作的关键。

政府（财政、交通管理、城市规划、市政、路政部门），是管理部门和供给部门，负责组织研究编制轨道交通无障碍规划并指导督促实施。

交通管理行业协会，是行业管理部门，对设计单位、运营单位的轨道交通无障碍建设进行监管和指导，对轨道交通建设的竣工验收进行把关。

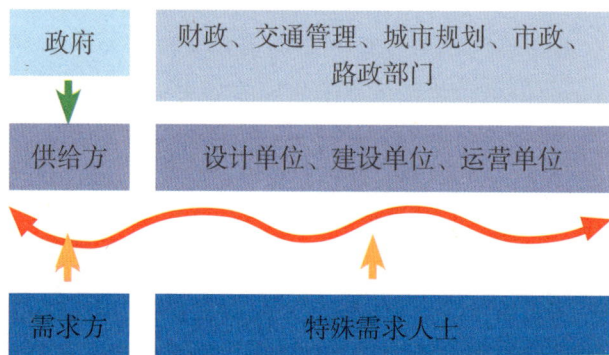

图 13-2-1
轨道交通无障碍建设
现状组织体系

设计单位，是轨道交通无障碍服务的规划者。

运营单位，是轨道交通无障碍服务的供给者。

特殊需求群体，是轨道交通无障碍服务的需求者。

由于缺乏与残疾人、老年人团体保持密切接触，汇总残疾人、老年人对公交无障碍的需求的团体组织，在供给方与需求方之间存在需求信息传递的障碍。

国内外经验表明，包含了残疾人、老年人代表讨论的小团队是在政府和残联之间达成妥协和一致的关键因素。建议上海市政府交通部门设立专门的公共交通无障碍建设机构（或者在已有机构下设立子机构），全权负责城市公共交通无障碍的规划并监督实施。

与城市规划建设部门交流互动，有权向城市规划项目提出评审意见。

这样一个机构应该有以下背景全职工作人员：残疾人、老年人及建筑设计专业、城市交通规划专业、工业设计专业、经济学专业、财政学专业、行政管理专业、工程管理专业、公交行业管理的人士。

（四）资金保障

政府应以为公众提供普遍服务的先进理念为指导，创造有利于公共交通无障碍环境建设的政策环境，加大人力、物力投入，保证公共交通无障碍建设的公益性，为残疾人参与社会生活和发展创造必要条件。

资金支持研发。我国在引进国外无障碍专利产品时耗费了大量的人力、物力。因此，自主研发新型交通无障碍设施和建设技术，是非常必要的。政府部门应考虑投入资金力量设置专门的城市轨道交通无障碍技术研发机构，配备全职的研发人员进行研发工作。

资金支持无障碍教育。鼓励中小学开设无障碍体验课程，作为素质教育的一部分，并进行一定的相关的资金支持；对开设无障碍设计方面课程或是专业的高校予以资金支持，推进无障碍相关知识的传播和人才培养。

资金支持无障碍设施建设。一些轨道交通无障碍设施的造价较高，设施的运行和管理也需要一定的费用，这些费用如果完全由企业承担也会造成较重的负担，政府应考虑给予建设和运营管理单位适当的补贴。

资金支持残疾人、老年人的轨道交通出行。出行是人的基本权利之一，当残疾人、老年人因为身体和经济原因而限制了其出行，则其获得个人发展、日常生活也会受到影响，政府应通过交通费用补贴或是乘车减免费用的方式，鼓励残疾人、老年人采用轨道交通出行，提升其出行机动性。

（五）强化教育科研支撑

《中华人民共和国残疾人保障法》的条文中有"国家和社会研制、开发适合残疾人使用的信息交流技术和产品"。政府相关部门应加强政策引导，对无障碍设施和技术的研发加大扶持力度和投入。目前上海城市轨道交通无障碍建设中对教育科研的重视度还不够。

城市轨道交通无障碍设施环境建设需要新技术的支撑。发达国家的无障碍建设水平依赖于大量的研发投入。如盲道材料和铺装、无障碍信息系统、电子语音导盲系统、电子导行定位系统等方面，都迫切需要科技进步推动设施更新。而且这些无障碍设施的设计、测试、评价、维护、更新都需要长期和反复的研究和实践，需要专门的固定的团队提供研究、试验、推广服务。

我国在引进国外无障碍专利产品时耗费了大量的人力、物力。因此，自主研发新型交通无障碍设施和建设技术，是非常必要的。上海政府部门应考虑投入资金力量设置专门的城市轨道交通无障碍技术研发机构，配备全职的研发人员进行研发工作。

城市轨道交通无障碍环境建设需要设计人才的输送。近期应考虑联合高校、设计部门、研究部门在高校开展无障碍设计课程，集中培训公共交通设施、信息、服务系统设计人员和管理人员，普及无障碍建设理念。在高校相关专业开展无障碍设计课程，提高即将踏入社会的设计专业人员的无障碍设计能力。

远期应在高校、职校、技校开设无障碍设计专业，为固定的无障碍规划、建设、研究、管理部门提供专业人才。

城市轨道交通无障碍环境建设需要研究咨询机构的建议。城市轨道交通无障碍环境建设具有涉及面广、建设周期长、投资量大、连续性强的城市规划建设项目，应该有固定的研究人才团队，联合无障碍推进机构、残疾人、老年人团体、相关社会团体开展研究，为政府决策者、城市建设部门、公共交通运营管理部门提供建议，将城市轨道交通无障碍建设这项系统工程高效、可持续地推进下去。

（六）营造社会文化环境

平等和尊重。将平等尊重的观念输入每个社会成员的意识中，使他们真正理解、尊重进而帮助以残障人士为主体的特殊需求群体，同时也可以排除特殊需求群体自身存在的自卑情绪，在社会生活中自信地发挥自我价值。

可以以未来一代的培养为重点，加强无障碍理念公众意识的培养。可以在中小学生中开设相关课程，进行残疾体验活动，如体验盲人乘坐地铁中遇到的困难，在日常生活中尊重和关爱残疾人、维护无障碍设施。

特殊需求人群优先的市民公约准则。呼吁市民应当自觉地维护无障碍环境的使用秩序，确立残疾人、老年人及其他特殊需求群体优先的意识，并适时向有需要的人士提供力所能及的帮助。

比如轨道交通无障碍电梯的全面开放、车厢无障碍席位，就需要每位乘客从我做起，不无故占用，营造一个良好的设施运行环境。通过政府的鼓励和宣传教育，使无障碍公共交通服务和关心身体不便者的出行成为一种普遍接受的社会文化和市民公德。

无障碍设施惠及大众。运用各种宣传方式让社会各成员理解到无障碍环境的建设不仅是为特殊需求群体服务，他们每个人都是无障碍环境潜在的服务对象。"老吾老以及人之老，幼吾幼以及人之幼"，每个人家里都有老人、小孩，每个人都有可能生病、负重出行，让各个社会成员了解到无障碍设施的建设惠及每一个人的出行，培养其自觉礼让特殊需求人士，爱护无障碍设施。

第三节　优化设施供给

城市轨道交通设施供给已经具备一定的实践经验和物质基础，要进一步优化设施供给，首先要对需求进行界定和分类以提高设施供给的有效性，同时对供给的结构进行优化提升，最后从无障碍出行链的角度，实现出行全过

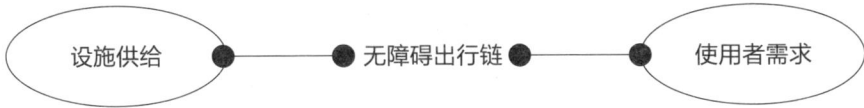

设施供给 ●———● 无障碍出行链 ●———● 使用者需求

图 13-3-1

程无障碍。

（一）需求主体：从只考虑普通人到考虑所有特殊需求人士

根据国际无障碍环境建设理念的发展，无障碍环境建设的服务对象已从残疾人扩大到包括残疾人、老年人、孕妇、病人、推婴儿车者、行李负担过重者、外国人等在内的特殊需求人士，特殊人群与普通人一样都享有自由出行的权利。

对轨道交通无障碍设施需求主体的界定决定了设施建设的水平和服务管理的模式：

（1）早期在轨道交通设计中，只考虑了普通人的使用，因而没有盲道、无障碍电梯等设施。

（2）随着认识的提升，残疾人是轨道交通无障碍设施的需求主体，相应地为残疾人提供了专门供其使用的盲道、无障碍电梯，设施的建设具有排他性。

（3）随着将特殊需求人士作为轨道交通无障碍设施的需求主体，考虑到老年人和大件行李携带者、生病行动不便者、推婴儿车者等的出行需求，逐步推进上下自动扶梯、无障碍电梯对外开放、坡道、宽闸机等的建设和服务管理，设施的建设更加自助开放，通用式设计惠及所有人群。

（二）需求主体：从笼统概念到需求的细化

特殊需求人士是对轨道交通无障碍设施需求者的统称，包括残疾人、老年人、孕妇、病人、推婴儿车者、行李负担过重者、外国人等在内的特殊需求人士。然而不同的主体的需求是不一样的，按照需求进行设施和服务的供给才能达到效益的最大化，因而需要对需求主体的需求进行归类。

在此基础之上，考虑老年人、孕妇、病人、推婴儿车者、行李负担过重者、外国人等其他特殊需求者，按照对象人群身体特征来划分。

表 13-3-1　轨道交通需求主体细化

类型	包括对象	生理特点	心理特点	设施对策	城市轨道交通无障碍设施
肢体移动不便人群	肢体残疾人、老年人、孩童、孕妇、病人、推婴儿车者、行李负担过重者	行动相对困难，体力较差难以适应过长的行走距离		最短路径	坡道、无障碍电梯、专用售票和检票设施、无障碍专用通道、无障碍卫生间、无障碍席位
获取信息困难人群	视力残疾人、听力残疾人、老年人、外国人	获取信息困难，对复杂路线适应力差	缺乏安全感、方位感	提供视觉、听觉、触觉等多类型的信息提供模式；提供多种文字、图文并茂、人工问询等多方式的信息提供方式	标识系统、广播系统、盲文系统、人工问询服务系统、盲道、无障碍席位

与此相对应的，设施也可以分类。

表 13-3-2　轨道交通无障碍设施分类

划分方式	设施分类
根据服务对象划分	服务肢体移动不便人群的无障碍设施
	服务获取信息不便人群的无障碍设施
根据出行过程划分	信息获取设施
	站外无障碍设施
	站点无障碍设施

（三）硬件供给：从只追求设施数量到更注重设施的人性化

我国一些城市轨道交通无障碍硬件设施建设已经具备，科技含量较高，然而与日本、德国等无障碍设施建设非常出众国家的城市相比，硬件设施的建设应把更加注重人性化作为今后的努力方向。

轨道交通中无障碍设施的建设从数量上满足逐步提升到如何方便特殊需求人上的使用。在未来的设施建设中，应从特殊需求人士的出行需求出发，注重细节，坚持设施建设的高标准、国际化先进水平。

无障碍电梯。现状无障碍电梯往往只设置了水平的扶手，而国外的无障碍电梯则从使用轮椅者的角度出发，配置镜子、垂直扶手、低位按键等人性化的设计。

图 13-3-2
国内外无障碍
电梯设计对比

在盲道铺设方面，肢体残疾人士和老年人普遍反映，部分地铁站点的地面采用大理石铺装，虽然十分美观，但遇到雨天会过于光滑，容易导致乘客跌倒。在日本轨道交通站点中，盲道采用防滑的地面铺装，同时盲道的设计是与轨交站点整体设计同时考虑的，盲道不仅仅是通向闸机，同时也通向各商业门店、服务设施，满足了盲人在乘坐轨道交通过程中的各种需求。盲道不是只为了满足技术要求，而是与场站的用能与流线组织密切联系，是为盲人设计一种生活，满足其在轨交站点中各种行为需求。

日本轨交站点中，为盲人服务的各种设施之间的衔接考虑非常细致周

图 13-3-3　日本轨道站点中盲道的铺设

图 13-3-4　楼梯休息平台处无障碍设施细节

到。以楼梯休息平台为例，盲道的铺设与楼梯扶手，设施的增加和细节的优化设计可以成为近期设施建设中的突破口，用较少的花费，通过小小的改变，却可以大大方便使用者的出行。

（四）硬件供给：从只重视有形设施供给到加强无形的信息服务供给

信息服务的供给是城市轨道交通得以顺利运行的重要保障，同时对推进轨道交通无障碍环境建设也尤为重要，对于视力、听力残疾人、外地短暂来访者、外国人而言，获取信息的难度比普通人更大，对信息服务的要求更高。

目前轨道交通中的各种设施和人工服务已能为乘客提供较为齐全的信息服务，如标识指引、站厅和周边地区信息、线路和列车运行信息，为乘客出行带来便利，但信息服务中对残疾人的考虑不足，设施供给不足。

（1）标识指引系统中，对部分无障碍设施（如无障碍电梯）的指示牌的建设缺失或是指向不明，导致有了设施供给却难以让需求群体知道。建议补充建设和调整完善标识的信息内容，这对于用地紧张、布局较复杂的城市中心区的轨道站点尤为重要。

（2）站厅和周边地区信息、线路和列车运行信息中，需要考虑盲人的需求。地铁设施大多位于地下建筑中，容易造成乘客方位感的缺失，因此，信息的提供不仅要考虑到普通人，更应考虑到盲人。建议在现有语音报站提示的基础上，开发盲人地图系统，提供包括线路信息、站厅和周边地区信息等，让盲人能够自助获取信息，减少其轨道交通出行障碍。

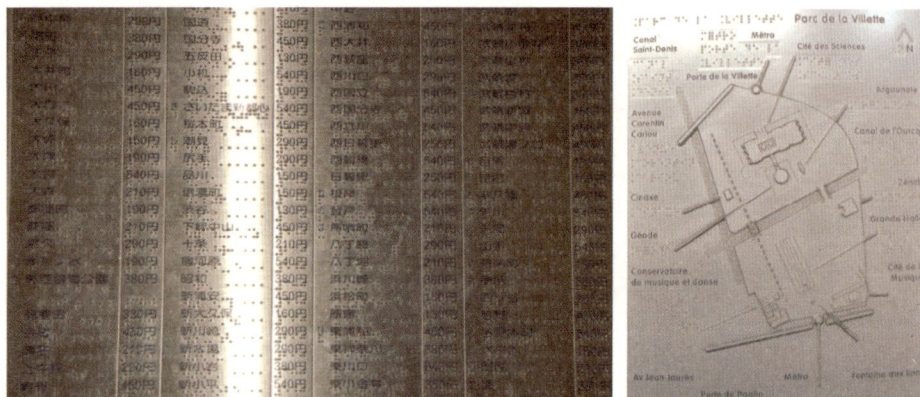

图 13-3-5　盲文地图

（五）软件供给：从只看重硬件到全方位无障碍

国际无障碍环境建设理念的发展告诉我们，无障碍建设包括硬件和软件两个方面。设施的建设非常重要，但仅仅有设施是不够的，对设施的管理理念、管理方式、服务水平直接决定了出行者获取服务质量的高低。管理者在选择管理模式、制定管理制度时，要以便利所有人的轨道交通出行为根本出发点，考虑管理成本，符合国际无障碍发展的先进理念。

对轨道交通中无障碍设施的管理模式可以大致分为"陪同封闭式"服务模式和"自助开放式"服务模式。

目前对城市轨道交通中无障碍设施（如无障碍电梯）主要是"陪同封闭式"服务模式。而根据国际无障碍环境建设理念的发展，对待残疾人的观念是逐步向"残疾权利模式"转变，也即残疾人从被动型救助对象到主动型权利主体。从残疾人、老年人和特殊时期出行困难人群的生理和心理需求角度出发，残疾人越来越多的自主出行诉求，能够独立自主出行是残疾人得到平等与尊重的体现，一对一的"陪同封闭式"服务模式有其局限性。而从无障碍环境建设的服务对象的角度来看，无障碍电梯服务的对象不是仅仅限于残疾人，而是应该包括老年人、特殊时期出行困难人群，现行的服务模式将其排除在外是不合理的。

建议管理者应逐步将更多的无障碍设施操作自主权交到乘客手中，设施的使用应逐步转向自助、开放。同时，仍需保留现有的服务人员呼叫及观察设施，为确实需要特殊服务的人员提供服务。以无障碍电梯为例，应逐步开放电梯，鼓励特殊需求人士（包括残疾人、老年人、孕妇、病人、推婴儿车者、行李负担过重者、外国人等）自助使用，同时加强标识和教育引导，保证有需求人群的使用。

（六）完整性：从只关注出行片段到重视出行全过程

出行是一个过程，出行的便捷舒适要求在出行的全过程中舒适便捷，任何一个出行阶段或是任何两个出行阶段之间转换的不方便，都将造成出行的不方便。

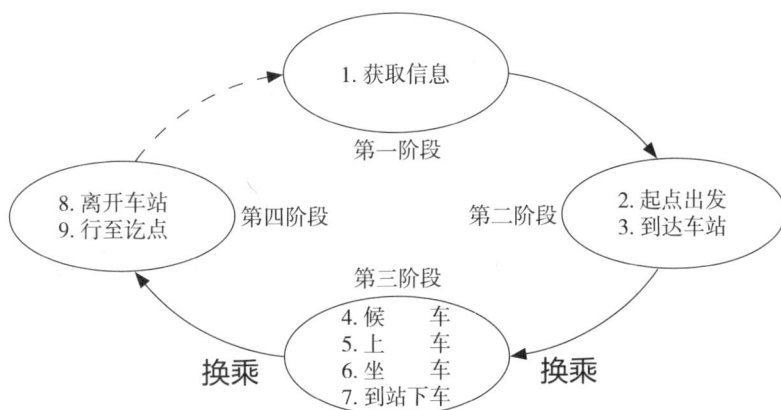

图 13-3-6　出行全过程

表 13-3-3　从出行过程的角度对设施分类

出行过程	设施大类	设施小类	具体设施
获取信息	信息获取设施	网络	
起点出发、到达站点	站外无障碍设施	与城市无障碍系统的衔接设施、进入站点的无障碍设施	盲道、道路缘石坡道；无障碍信息标识、无障碍电梯、坡道、自动扶梯、盲道
进站、候车、上车、坐车、下车	站点无障碍设施	通道无障碍设施、站厅无障碍设施	盲道、无障碍电梯、坡道、自动扶梯、售票、检票、无障碍厕所、站台与车辆衔接、无障碍车厢/席位
离开站点、行至讫点	站外无障碍设施	与城市无障碍系统的衔接设施、进入站点的无障碍设施	盲道、道路缘石坡道；无障碍信息标识、无障碍电梯、坡道、自动扶梯、盲道

信息获取设施。主要需要通过建立网站和发布城市轨道交通无障碍设施信息让特殊群体能够提前获取出行信息。现在盲人通过专业软件也可以上网浏览网页，通过网站的建立，可以使得特殊出行群体与普通人获取同样多的信息，从而使出行更便利。

站外无障碍设施。轨道交通与轨道交通前后出行阶段之间的衔接是否合理、便捷，是完善城市轨道交通无障碍环境的重要方面，如轨道站点周边500米范围内城市盲道、缘石坡道、信息系统等的建设。又如在轨道交通站点接近轨道交通出入口处为残疾人设置专门的停车位，可有效方便其换乘。城市轨道交通无障碍环境的优化还必须建立在城市整体无障碍环境优化的基础之上。站点无障碍设施：轨交站点中无障碍设施构成更为复杂，也正是轨道交通无障碍设施与其他公共建筑、城市环境中无障碍设施的不同之处。在站点内，需要解决进站、购票、验票、候车、乘车全过程的无障碍，使残疾人使用轨道交通的整个程序流畅、便捷。

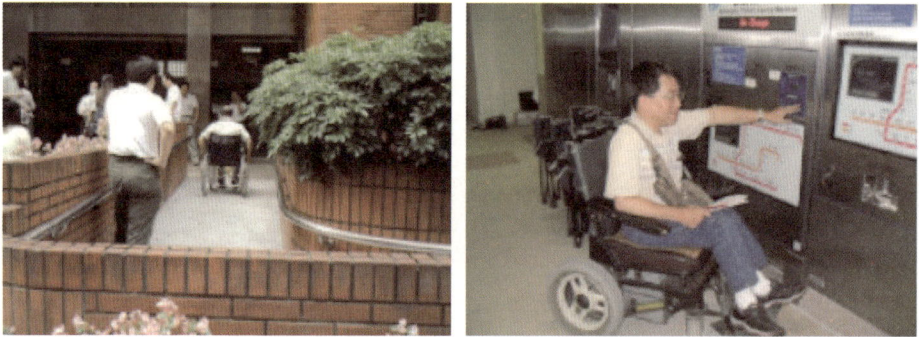

图 13-3-7　入口坡道和无障碍售票设施

日本轨道交通站点中，对全程无障碍的考虑比较周到，即使是少量的台阶也会设置上下扶梯或是坡道。

（七）优先性：从均等的资源供给方式到特殊需求人士最优先最便捷

无论是建设无障碍设施还是提供无障碍服务，都与普通设施建设和服务供给一样需要占用一定的资源。进行轨道交通无障碍建设，是管理者站在资源分配的高度，把轨道交通的一部分资源分配给特殊需求人士。在资源分配的过程中，首先必须保证数量，其次还必须保证全过程中的最优先和最便捷。

（1）到达站台的最优先最便捷。为特殊需求人士换乘轨道交通提供最多的优先，在最接近轨道交通站点入口处为残疾人提供专用车位或优先使用车位。以特殊需求人士乘坐轨交最便捷为出发点，为特殊需求人士的进站设置最短路径，无障碍电梯的位置应最方便进站和候车。

图 13-3-8　日本自动扶梯

（2）进站候车的最优先最便捷。可在无障碍专用车厢所对应的等待区前为特殊需求人士提供优先等候区，普通人候车时排在后面的位置，如果有特殊需求人士使用，则在优先等候区等候，提前上车。

（3）乘坐轨交的最优先最便捷。现状多采用无障碍专用席位的方式为特殊需求人士提供优先。考虑到轨道交通车厢在有些时段非常拥挤可能挤占供轮椅停放的空间，采用无障碍专用车厢实为一种更可行的方式，有利于将特殊需求人士进站最短路径与无障碍车厢对应起来达到整体最优，有利于车站服务人员为其上下车提供一定的帮助（克服站台与车厢之间的高差），同时特殊需求人士也可以更熟悉便捷地找到和使用其专用空间。

（4）时间最短。设施的开放使用，避免不必要的等候服务人员来服务。

盲人的出行目的性很强，通过规划固定路径和固定残疾人车厢，可以便利其出行。

对于盲人来说，从入口进入站点—盲道引导集中到距离客服中心附近的闸口—通过就近的楼梯或者无障碍电梯进入站台—盲道指引向就近的车门（每一列车的无障碍车厢都是固定的）—乘上列车—下车顺着盲道出站，这整个一个流程，就是将盲人引到一节专门的车厢，这列车厢对于同一条线路来

图 13-7-9　残疾人专用车位

说每一列车都是固定的，这节车厢就作为无障碍车厢。

（八）无障碍出行链：从单条线路到轨交系统

根据系统论的观点，系统大于个体之和。轨道交通的优势在线网成熟之后将得以最大化，而轨道交通无障碍设施的建设也必须强调系统性。

如果每一条轨道交通的建设只是作为一个单独项目进行开发，必然导致各条线路之间的换乘非常不便，使用者需要走过长的换乘通道、上下换乘复杂，这对普通人来讲尚且非常费劲，对特殊需求人士而言就是一道鸿沟。

轨道交通不是一个独立的项目，而是整个网络系统的优化。建议充分发挥申通公司独家进行上海市轨道交通建设的优势，优化不同轨道线路之间的换乘，尽量减少换乘距离、换乘高差变化，衔接好新老线路之间高差，促进轨道交通系统内部的优化、城市无障碍水平的提升。

第十四章

无障碍出行服务

第一节 引言

为了保证残疾人的出行，除了固定线路的公共交通进行无障碍建设以外，许多地区和国家也要求提供给专门针对残疾人的无障碍交通出行的服务。2007年，上海市建设和交通委员会、上海市交通运输和港口管理局和上海市残疾人联合会三方牵头，发布了建立专为残疾人提供出租车服务的"阳光车队"的招标书。上海大众交通集团成为这一项目的运营方。"阳光车队"曾经是中国大陆首个轮椅无障碍服务出租车系统。

韩国每年依据《交通弱者移动方便增进法》预测残疾人车辆的需求量，指定特殊交通车辆的运行数量（城市人口／台数），并且制订年度新型超低板客车、残疾人电话调度出租车国库补助金额计划。

2008年7月起，香港特别行政区政府向12—64岁、残疾程度严重的综援受助人和伤残津贴受惠人提供每月200港元交通补贴。香港的无障碍出租车辆由香港复康会（The Hong Kong Society for Rehabilitation）管理运营。自1978年起，香港政府已资助香港复康会营运复康巴士，为有困难使用一般公共交通工具的残疾人士提供无障碍交通服务。

澳大利亚政府实行出租汽车津贴（Taxi Transport Subsidy Scheme, TTSS）计划，向符合一定条件的出行有障碍的人士发放出租津贴券，这些人士乘坐出租车的费用的50%可以用津贴券支付（每乘次津贴券使用不得超过30澳元），出租汽车公司再用津贴券向政府结算费用。

美国轮椅无障碍车辆1990年代出现在纽约，纽约市一次引入400辆崭新的黄色出租汽车，专门为乘坐轮椅者服务。目前，美国各地无障碍出租汽车已经开始普及，美国政府还在为此项目加大投资，提升无障碍出租汽车的比例。福特等汽车公司也在纷纷生产设计各种车型的无障碍出租汽车，并研究制定标准车型和规范。美国的残疾人保障法（ADA）要求各地都要提供无障碍出行服务，其中的一些经验值得我们借鉴。

第二节　美国无障碍出行服务的发展

在美国随着残疾人保障法（ADA）的通过，从 1990 年开始交通运输机构开始为残疾人提供无障碍出行服务。开始时人们估计这类客运服务的需求大约在每年 1500 万次，实际上这种需求增长迅速，从 1999 年到 2012 年残疾人出行服务的需求从每年的 6800 万次增加到 1.06 亿次，如何采取恰当的战略保证服务质量，实现成本和效益的平衡及可持续发展也存在一定的挑战。

从服务开通以来，美国的无障碍出行服务和使用服务设计的途径的也发生了变化。图 14-2-1 显示了一个时间轴，每个时间节点包含了 ADA 无障碍出行服务的要求与发展。

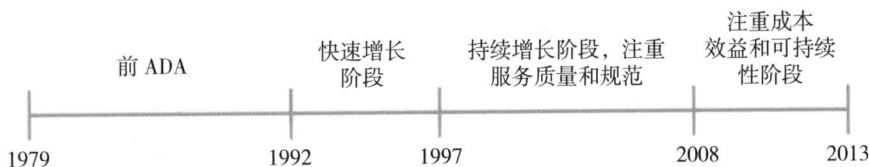

图 14-2-1　辅服务时间线

（一）前 ADA（1979—1992）

1991 年前，美国交通部（US DOT）要求允许运输机构提供无障碍固定路线服务或无障碍出行服务，无障碍出行系统服务并不是必需的。

1988 年的一个行业调查表明在 ADA 通过之前，大部分的无障碍出行服务（60%）仅在内部实施。大量的运输机构也和当地非营利机构合作共同建设他们交通服务来满足交通部的要求。

（二）快速增长阶段（1992—1997）

1991 年 9 月颁布的 US DOT ADA 法规要求交通运输机构制定 ADA 无障

碍出行服务计划，并于 1992 年开始实施这些服务。随后运输机构提供的 ADA 无障碍出行服务量迅速增长。1993 年的行业调查显示，虽然直接经营的模式占大多数，但是引入第三方提供服务正在增加。调查发现 39% 的 ADA 无障碍出行服务是直接提供服务，34% 是外包，剩下的 27% 是直营和外包混合运营。1997 年调查显示，16% 的 ADA 无障碍出行服务是内部直营，52% 外包（其中 54% 使用单一供应商，46% 使用多家供应商），32% 是直营和外包的混合运营模式。

（三）持续增长阶段：注重服务质量和规范（1997—2008）

从 1997 年全面实施到 21 世纪初，ADA 无障碍出行服务持续快速增长。这种急速增长导致了服务质量问题。预算和服务水平改善的速度不够快，无法满足不断增长的需求。计划表中需要增加提供服务的次数超过了能够及时执行的次数。

评估审查还确定了与服务设计相关的服务质量问题和私人外包量增加的问题。由于服务的调度都由服务提供商安排，服务质量问题尤为明显。由于是采用按服务次数结算服务费用，承包商就会用尽可能少的投入来安排尽可能多的服务，这就导致服务质量严重下降的问题。另一个问题就是服务"爽约"，由于给一辆车安排了太多的接送服务，车辆不能按时到达，为了避免准时性的考核，服务公司会要司机不去接人，让客服再次提出出行申请，以新的用车服务计划掩盖服务不准时的问题。

在此期间发现的第二个常见的问题是司机的流动和劳动力短缺。外包服务系统明显有更高的人员流动性和严重的劳动力短缺问题。评估报告发现平均每年外包公司的人员流动率是 30%，而直营公司仅为 14%。其中有些外包公司每年的人员流动率是 70%—100%。调查也表明，私人外包服务中有丰富经验的司机的百分比较低。劳动力短缺也是一个严重的问题。

为了解决这些问题，许多城市建立了集中的调度中心，统一进行预约和调派。许多城市从原来的按车次结算改为按车公里结算。与此同时在签订合同时开始注重对服务效果的评价。

（四）注重成本效益和可持续性（2008—2013）

近年来，人们持续关注服务监管和业绩要求以及驾驶员流动性问题，从而提高服务的质量，但也对成本大幅度增加的问题有所关注。数据显示在美国，从 1996 年到 2011 年，每次需求响应服务（包括 ADA 无障碍出行服务）出行的平均花费增加了 134%，这远远高于固定路线公交服务费用的增加，固定线路公交服务同期费用的增长为 82%。为了减少日益增长的无障碍出行需求所带来的压力，政府趋向于采取更经济的方法。其中包括非专用系统和混合使用。借助于出租车可以大大减少服务高峰的缺口同时降低成本，一些新技术也有利于保证服务质量。

混合使用也可以大大降低成本，2009 年的调查表明，有 121 个无障碍辅助出行系统是混合使用的，这样每次出行的费用可以由原来的 26 美元减少到18.1 美元，减少幅度达 43.5%。

总体来看无障碍辅助出行服务的运作模式主要涉及下面几个方面：整体设计，付费方式，专用系统还是非专用系统，服务区域的界定及是否采取混合使用的方法。有 50% 的调查城市是采取交通运输管理部分直接提供服务的方式，25% 会找一个承包商来提供服务，有 11% 的城市通过服务呼叫中心安排几个公司来提供服务。有 33 个城市采用非专业系统，采用的程度会有所不同，有些城市 10% 的服务由非专业服务来承担，有些城市 70% 的服务由非专业系统来承担。

服务区范围的确定。研究也调查了使用单一服务区还是分区服务区，以及是否需要转车服务的问题。大多数系统（86%）表示使用单一的服务区域，没有转车的问题。2% 的案例表示虽然只有一个服务区，但在某些出行中，如长度超过 15—30km，需要进行换车。也有些表示如果居住地点偏离提供服务的路径太远就需要转车。

（五）混合出行

调查显示，43% 的地方会将无障碍出行旅行与其他乘客混合在一起，如老年人的出行，交通出行不便者，甚至与普通乘客出行混合使用。

采用非专用系统提供无障碍交通出行服务可以鼓励竞争，有利于服务的规模效益，也可以转移一些服务的风险，控制服务质量。

第三节　上海"阳光车队"案例

（一）发展历程与社会反响

2007 年，上海市建设和交通委员会、上海市交通运输和港口管理局和上海市残疾人联合会三方牵头，发布了建立专为残疾人提供出租车服务的"阳光车队"的招标书。上海大众交通集团通过竞标成为落实这一项目的运营方。大众集团出资 2000 万元购买了 50 辆配备升降机的轮椅无障碍面包车。共有两种车型，包括 20 辆考斯特丰田面包车和 30 辆伊斯塔纳汇众面包车。

表 14-3-1　大众集团无障碍出租车

无障碍车型	汇众 – 伊斯坦纳 ISTANA	丰田 – 考斯特 COASTER
图片		
长 / 宽 / 高（mm）	4990/1855/2105	6225/2025/2585
排量（cc）	2295	2694
普通座位（包括驾驶位）	8	16
轮椅位	1	3

20 辆考斯特无障碍面包车在 2007 年为参加特奥会的人员提供了无障碍服务。特奥会后，由于没有与车型相适应的需求，20 辆考斯特全部退出了无障碍出租车服务系统，其中的 19 辆已将轮椅升降机拆除改装成普通考斯特面包车。

30 辆伊斯坦纳在 2007 年 9 月 28 日正式组建成立"阳光车队"，为上海市残疾人出行提供无障碍用车服务。

"阳光车"的自动升降机使残疾人可以坐在轮椅上平稳地移动到车内，不需要离开轮椅，也无需旁人的背、抱帮助，提高了乘用便利性、舒适性。"阳光车队"为重度肢残者的出行带来了尊严，成为重度肢残人士极为依赖的公共交通工具。

"阳光车队"的服务帮助需要出行的残疾人士能够更方便地参加社会活动，投入更多精力发展事业，为残疾人同胞、为社会做出了巨大的贡献。

"阳光车队"的服务，使部分重度肢体残疾人可以完成日常就医出行，保障了他们的生存权利，使重度肢体残疾人完成工作学习、娱乐购物、探亲访友等健全人习以为常的出行成为可能，使他们能够重新融入社会，提高生活的质量。

"阳光车队"确实如同阳光一般照亮了许多肢体残疾人士的生活，更是成为重度肢体残疾人士最为依赖的公共交通工具。

车队从成立到 2009 年底，共提供了约五千差次的无障碍用车服务。"阳光车队"的服务质量受到了广泛好评，先后于 2008 年 3 月获得市总工会、交

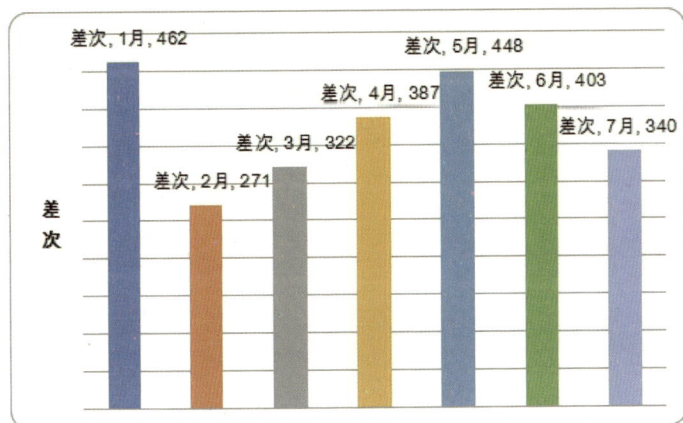

图 14-3-1
2009 年 1—7 月"阳光车队"无障碍差次

管局等上级单位颁发的"迎特奥、优质服务立功竞赛先进集体"称号、2008年10月获得市肢残人协会颁发的"2007学年度智力助残优秀集体"称号；到2009年4月底，共收到来电、来信表扬350余次，各类媒体报道16篇。"阳光车队"作为2008年度政府实事工程，已在市民中享有较高的社会知名度。

毫无疑问，"阳光车队"在服务弱势群体、构建和谐社会方面做出了较大贡献，是非常需要保持与发展壮大的上海公交无障碍服务系统。与国外其他城市的案例一样，由于是一种专用的服务，也存在提高服务质量与可持续发展的问题。

（二）运营和服务的困境

交通出行服务系统的建立和运营需要有良性的资金循环和一定的竞争机制，保证服务质量的提高。在"阳光车队"成立之初，市建交委、交管局和残联达成协议，由市残联每年向市财政申请150万元"阳光车队"优惠乘车服务专项补贴资金，以购买服务的形式，补贴"阳光车队"服务对象叫车、优惠乘坐"阳光车队"车辆和车辆为服务对象提供专用服务等产生的费用，由大众公交集团年终向市残联进行结算。

但是财政补贴的普惠制对关于公共交通的补贴发放提出了新的要求，财政公交补贴只针对换乘优惠（包括老年人）、燃油和购置车辆三方面项目。"阳光车队"的服务费用针对持有阳光卡的残疾人有30%的折扣优惠，因此，交管局将"阳光车队"的补贴归为换乘优惠，补贴只针对30%的车费优惠发放。运营方要获得全额的150万元补贴，就需要做到500万元（150÷30%）营业额的残疾人业务。这就需要每年做到13.5万差次，是现状的27倍，不论残疾人的需求还是服务容量短时间内都达不到这个水平。

一份统计资料显示，车队总体特征是：车队营运量越大，亏损越多。

表14-3-2 "阳光车队"仅承接残疾人业务的盈亏情况

时间		2007年	2008年				2009年	小计
项目		四季度	一季度	二季度	三季度	四季度	一季度	
收入	实收车费	4992	2255	4889	6481	10649	30479	59745

续表

时间		2007 年	2008 年				2009 年	小计
	项目	四季度	一季度	二季度	三季度	四季度	一季度	
支出	车辆折旧	304290	304290	304290	304290	304290	304290	1825740
	燃料成本	6823	2974	6844	9157	12809	41670	80277
	修理费	144000	144000	144000	144000	144000	144000	864000
	轮胎损耗	24750	24750	24750	24750	24750	24750	148500
	人员工资	265200	265200	265200	226200	226200	226200	1474200
	四金	103000	103000	103000	88200	88200	88200	573600
利润		−843071	−841959	−843195	−790116	−789600	−798631	−4906572

"阳光车队"出租车与普通出租车相比存在运营成本高和运营收入低的问题，运营成本高主要体现在：

车辆购置费用及维修费用高——无障碍车辆的许多零部件需要进口；

车辆运行费用高——车型大，油耗高（普通出租车的 1.87 倍）；

每差运送成本高——根据预约出差，空载率高。

与普通出租车相比，"阳光车队"的服务特性限制了其收入的提高。

根据预约提供无障碍服务，差次承接不灵活；每差服务时间长；运营时间短（每天 18 个小时）。

以上服务特点都导致"阳光车队"日均运行差次远少于普通出租车（实际每车日均服务差次仅为普通出租车的 1/10），也就很难通过更多的营收来弥补支出。

可见，这样的政策环境不足以实现当初相关部门设想的"政府购买服务"的无障碍出租车模式。这类公益行为完全依靠企业投入，服务容量难以扩大，无法应对上海无障碍出行的

表 14-3-3　"阳光车队"与普通车
运营数据对比

项目	阳光车	普通出租车
小时营收（元 / 小时）	14.8	33
公里营收（元 / 千米）	1.7	2
日营运里程	104	400
月营业额（元 / 车月）	5339	24000
里程利用率（%）	52	62
公里油耗（元 / 千米）	0.83	0.45
营业差次（差 / 天）	3.25	35

大量需求。

更紧要的情况是，面对巨额亏损，运营方在没有外来资金的支持下，完全有理由不再对"阳光车队"进行投入，这一寄托了万千重度肢残人生活希望的服务系统也就没有生存空间了。

（三）服务与需求的问题

从需求方来看，主要有下面的问题：

1. 必须预约，服务时间有限制

"阳光车队"的所有车辆由电调中心根据电话预约排序，车辆轮流安排业务，此外也接收路上扬招的无障碍或正常业务。要使用阳光车的乘客，必须提前1—5天电话预订车辆，如果要预约第二天的服务，则必须在当天15点之前电话预约。车辆总量少，残疾人士有临时的、紧急的需求时，很难恰巧遇上待运的阳光车，又不能通过电话叫车，难以及时享受"阳光车队"的服务的（在紧急情况下，"阳光车队"也可能临时派车）。残疾人士的部分出行，如就医的回程难以确定准确的时间，也就不能预约到车辆。

"阳光车队"的出车服务时间为4点到22点，在深夜和凌晨不提供服务。这个时段的服务需求无法得到满足。

2. 服务对象范围小

"阳光车队"原则上只对持有阳光卡的用户提供服务。阳光卡由残联向持有本市户籍及中华人民共和国残疾人证的需乘轮椅出行的中重度残疾人发放。到2009年上半年，残疾人联合会共发放了近3万张"阳光卡"，而上海市符合标准的残疾人估计有6万名，也就是说有相当部分残疾人有对"阳光车队"服务的需求，但没有得到享受服务的"许可"。

服务对象界定将在上海生活的外地户籍残疾人、使用轮椅的老年人、依赖轮椅的临时伤病患者排除在外了。而日渐老龄化、国际化的上海，来自残疾人以外的无障碍出租车服务需求将越来越多，这些需求在现有的阳光卡发放标准下难以得到满足。

3. 远郊区不能享受服务

上海目前有6个远郊区县（崇明县、金山区、青浦区、松江区、嘉定区、奉贤区）尚未开通"阳光车队"服务。

"阳光车队"不接受出发地、目的地在这6个区县的预约。居住在这6个区县的持有阳光卡的残疾人就不能在家门口享受"阳光车队"的服务。

从供给方来看存在的问题有：

1. 用车时间集中

残疾人预约用车时间非常集中，通常集中于节假日及每天 9:00—11:00 和 13:00—15:00 时间段。这两个时间段的用车需求依靠 30 辆阳光车很难保证。而其他时段的用车需求较少，又造成部分车辆空闲待运。

2. 无障碍服务对象不明确

每辆阳光车除一个轮椅位外，还有 7 个普通客座位，曾经发生过一个残疾人带六七个单位同事（健全人）乘阳光车上下班的情况，人均服务费用与常规公交车相同。这一个案经双方协调已经解决，但也说明一个问题，通常重度残疾人出行只有一两个陪同人员，远低于伊斯坦纳的额定乘客量，造成了资源和能源的浪费。

实际用车的残疾人中，20% 依靠轮椅，80% 使用拐杖，而依赖轮椅的老人等，因为没有阳光卡，无法预约服务。

另外，"阳光车队"原则上可以接受路上扬招的业务，但是由于伊斯坦纳车型与一般概念上的出租车外形差别较大，普通乘客不会扬招阳光车，空驶率难以降低。

从调查所得的数据来看，无障碍出租车业务是有很大市场的，面对日益老龄化的社会无障碍出行服务的需求量不断加大，我们必须在服务的总体设计、车辆的调度、具体运营方式、乘车准入制度、补贴方式和绩效评估等多方面进行研究，保证无障碍出行服务质量的不断提高及这一服务的可持续发展。